現代流通変容の諸相

木立真直・佐久間英俊 編

執筆者

結城　祥　　金　度渕
塩見英治　　木立真直
矢野裕児　　白石秀壽
石川実令　　久保知一
河田賢一　　斯波照雄

中央大学企業研究所
研究叢書 41

中央大学出版部

は し が き

1　発刊の経緯

　本叢書は中央大学企業研究所の「流通システム変容の現代的特徴」チーム（主査　木立真直研究員）による研究活動の成果の一部である．同チームは 2014 年 4 月から 2019 年 3 月までの 5 年間にわたり，全国各地への訪問調査の実施，チームの研究合宿，年に数回に及ぶ公開研究会の開催など，地道な研究活動を続けてきた．当チームの活動には多くの研究員が参加していたが，そのなかの 10 名が本書の執筆に携わった．これに加えて，当研究所の研究員ではないが，白石秀壽氏には久保知一研究員との共著というかたちで第 8 章の執筆をご担当いただいた．

　激しいグローバル競争が展開する今日，流通においても 1980 年代以前の時期にはみられなかったような，新しい変化が多様なかたちで生じている．たとえば，大規模小売業者の成長とチャネル・パワーの増大，サプライチェーン・マネジメント（SCM）の新たな展開，製造業者と流通業者との多様なかたちでの共同商品開発の進展，様々な企業の国際的展開と本国市場に対するその反作用の強まり，インターネットをはじめとした情報技術革新の成果を取り入れた新しいビジネスやマネジメントの登場，物流の戦略的重要度の高まりと労働力不足問題の深刻化，少子高齢化や人口の都市集中など人口動態を含む消費生活の激変に対応した企業の戦略的転換，新しいサービス業の生起，政府の新自由主義的政策の取り入れと卸売市場の激変など，枚挙に暇がないほど，現代流通とその関連領域においてダイナミックな構造的変化が多様な形態をとりながら生じている．

　しかしながら，このような新たに解明すべき課題の山積に対して，それらを分析する理論についていえば，各種産業論や生産システム論，技術論，中小企業論，多国籍企業論など生産領域の理論の前進に比べて，流通関連分野の分析

は相対的に後れをとっている．私たちの共同研究チームは，現代の流通システムの変容に関するいくつかの新しい現象を取り上げて考察し，理論的把握に取り組んできた．その成果が本書である．

2　本書の構成

本書は，以下に紹介する9つの章から構成されている．

第1章「消費財流通システムの変化と市場志向の変質」（結城祥研究員）は，消費財を対象にして日本の流通システムの変化と製造企業の顧客志向の関係や競争への影響などを考察している．すなわち ① 流通業界の寡占化，② 消費者の選好に対する影響力の増大，③ 在庫回転率の重視という3つの流通システムの変化を受けて，製造業者の消費者志向が流通業者志向に変化するとともに，製造業者間の競争が「バンドワゴン型あるいは徒競走型」の性格を強め，製品開発における競争メカニズムの有効性を阻害する可能性が生まれていることを指摘している．

第2章「ネット通信販売の展開と宅配便ビジネスの変容」（塩見英治客員研究員）は，近年のインターネット通販の急成長が宅配便ビジネスに及ぼす影響について考察している．ネット通販と宅配便市場におけるビジネスや市場構造の特質（各種制約の突破と，寡占化，疑似コンテスタブルなど）を確認した後，再配達など費用負担増からくる収益低下や労働者への負担増などの問題を解決するための方策として，① 適正な輸送費用の実費徴収，② 過剰サービスの見直し，③ 安定性を見据えた上でのイノベーションの促進，④ モーダルシフトや共同化の推進などを提唱している．

第3章「物流危機の背景と生産性向上に向けての展開」（矢野裕児客員研究員）は，現在日本の陸上輸送業界で生じているドライバー不足問題を切り口として，まず問題発生の原因を確認した後，工場や店舗などで部分最適を実現した日本のサプライチェーンの皺寄せが物流危機となってあらわれていることを指摘し，多頻度小口配送による配送効率の悪化，短リードタイムによる計画的・効率的配送の困難，ジャストインタイムのための荷待ち時間の発生，ドライバ

ーの付帯業務の負荷拡大などの問題を詳しく考察する．さらにネット通販の拡大による再配送の増加や低密度地域への配送の非効率なども含めて，現行の物流問題への対策として，発荷主・着荷主・物流事業者の連携による物流改革を提起し，緊密な情報共有，多様な受取り方法の開拓，利用者の意識改革，ラストワンマイルの統合サービスの提供などの課題を示している．

　第4章「小売業の変革としてのオムニチャネル―無印良品の情報システムを中心に―」（石川実令客員研究員）は，小売企業がインターネット通販と実店舗の双方をどのように融合しようとしているのかを考察する．インターネットが社会の様々な領域に広がる下で，ネット販売と実店舗との有機的な連携を図るオムニチャネルを考察する．まずその定義を提示した後，顧客接点のシームレス化を特徴とするオムニチャネル概念の発生史を振り返る．さらに小売イノベーション・モデルや業態盛衰モデルといった小売業の革新性に関する学説を検討し，最後に良品計画を事例にして，コアシステムの自社開発，外部資源の活用による競争原理の導入，管理系と業務系のシステム連携などの特徴を抽出している．

　第5章「コンビニエンスストア加盟店の低収益性」（河田賢一客員研究員）は，コンビニエンスストアの特徴的な粗利益分配方式を取り上げ，本部と加盟店とのあいだでの粗利益分配の非対称性の問題を考察している．代表的なコンビニ3社の平均値を用いて，売上総利益率（ロイヤリティ支払い前と後）と営業利益率を他の3つの小売業態（百貨店，総合スーパー，食品スーパー）と比較・考察することによって，コンビニ加盟店の低収益性の原因がコンビニのビジネスモデルに起因することを明らかにしている．

　第6章「1990代半ば以降のイギリスの食料消費の変化とレディ・ミールの多様化―購買への規定性を強める大規模食品小売業者に関する一考察―」（金度渕客員研究員）は，1990年代以降のイギリスの食料消費の変化を考察する．それは多様化するレディ・ミールの消費を前提として，大規模食品小売業者による強力な商品開発力と市場支配力によって，簡便化と健康志向が並行して促進されてきたことを明らかにしている．

第7章「日本における食生活の変遷と新たなトレンド—食の外部化と中食行動の特性—」（木立真直研究員）は，現代の食生活の中軸にある食の外部化，とりわけ中食行動を考察する．まず，戦後日本の食生活の変遷を振り返り，今日が食の成熟化段階にあることを確認した後，食の外部化を引き起こす要因を考察し，女性の就業化，世帯規模の縮小や家事労働時間の短縮などに加え，食の豊かさに対する要求に対応した中食の発展などを指摘するとともに，中食産業の構造的特性として，事業者の多様性と多数性，サプライチェーンの多様性と中食産業の多層性などの特質が抽出される．最後に「社会的共同消費を支える公共的産業」という食生活における中食の位置づけと，食の豊かさや文化への貢献，安全性，環境配慮といった今後解決すべき課題を提示している．

第8章「地域主導型ブランド・コミュニティ—スズキ・ハヤブサと鳥取県八頭町『隼駅まつり』の展開—」（白石秀壽氏・久保知一研究員）は，スズキの大型バイクであるハヤブサのブランド・コミュニティとして，鳥取県八頭町の「隼駅まつり」の事例を取り上げ，地域主導で，地理的に制約された，間欠的ブランド・イベントが形成された背景を考察する．地域に強くコミットした非ユーザーと，強い道徳的規範を持つハヤブサ・ユーザーが相互作用によって創発し，大規模なイベントにまで発展したことを指摘している．

第9章「中世ハンザ都市の近代都市化移行過程の比較研究」（斯波照雄研究員）は，ハンザ諸都市の近代都市への移行過程における相違を食料品貿易の面から考察する．まず17世紀から18世紀の政治と経済の変遷をおさえた上で，塩・穀物・ワイン・香料・砂糖などの海上貿易を比較することによって，ハンブルク，リューベック，ロストク，シュトラールズントなどの都市の盛衰を説明し，継続的に発展したハンブルクと途中から凋落に向かったリューベックの違いと，その過程において貿易が重要な役割を果たしたことを明らかにしている．

3　本書の特徴と謝辞

上記の9章を収めた本書の特徴は以下である．

　まず第1に，現代流通に関してマクロとミクロの両面から考察していることである．一方ではそれを全体的なシステムとして，多様な企業間競争，技術発展や地域経済・都市などとの関係のなかで考察するとともに，他方ではミクロ的に，現代市場における主要な主体の戦略などを対象とし，戦略の特質やその変化を生んだ要因を分析している．

　第2に，インターネットの発展を受けて現在役割を高めているネット通販や，ネット販売とリアル店舗を併用するオムニチャネルを考察していることである．

　第3に，現代流通の1つの焦点である物流を分析した2つの論考を含むことである．生産や商流の革新に比して物流革新は着手が後れたため，未だ多くの課題を残している．逆にいうと，営利企業がさらなる利益獲得を図るとき，物流には多くの可能性が残されている．

　第4に，流通の分析だけにとどまらず，それに多大な影響を及ぼす消費の分析を含むことである．流通と消費とは相互に連関し合っているため，一面では消費は流通の前提をなし，流通に影響を及ぼすのである．

　もちろん現代流通変容の諸相は広範に及ぶため，上記諸章の考察で事足りるわけではけっしてないことは自明であろう．残された多くの問題はチーム・メンバーの今後の課題としたい．本書の内容に関して，読者諸賢のご批判・ご意見を賜れば幸甚である．

　なお本書の執筆にあたっては，中央大学企業研究所所長の三浦俊彦氏，同研究所合同事務室長の林 和生氏，同企業研究所担当の西澤美香さん，中央大学出版部の菱山尚子さんに大変お世話になった．末筆ではあるが，記して感謝の意を表したい．

編者　木立真直・佐久間英俊

目　　次

第6章　1990年代半ば以降のイギリスの食料消費の
　　　　変化とレディ・ミールの多様化
　　　　　──購買への規定性を強める
　　　　　大規模食品小売業者に関する一考察──

金　　度　　渕

第7章　日本における食生活の変遷と新たなトレンド
　　　　　──食の外部化と中食行動の特性──

木　立　真　直

第8章　地域主導型ブランド・コミュニティ
――スズキ・ハヤブサと鳥取県八頭町 「隼駅まつり」の展開――

白　石　秀　壽
久　保　知　一

第9章　中世ハンザ都市の近代都市化移行過程の 比較研究

斯　波　照　雄

第1章　消費財流通システムの変化と市場志向の変質

結　城　　祥

はじめに

　顧客のニーズと競合他社の動向にいかに対応するか．これは，市場を起点に戦略を考えるマーケティング論の根本的な問いである．そして 1990 年代以降，この問いに真正面から取り組んできたのが「市場志向研究」であり，顧客・競合他社への対応行動と企業業績の関係などについて，これまで多数の知見が蓄積されている．

　しかし市場志向研究は，企業，顧客，競合他社の3者間の関係に注目する一方で，企業と顧客を仲介する役割を担い，かつ他社との競争が繰り広げられる場でもある「流通システム」の存在を等閑視してきた．

　容易に推測できるように，企業が顧客とどのように向き合い，また他社との競争にどう取り組むかは，自らが埋め込まれているネットワークに強く制約されている（Christensen 1997）．しかもわが国においては，消費財業界を中心に流通システムが大きな変化を遂げており，このような統制不可能な環境変動が，企業のマーケティングのあり方に強い影響を及ぼしていると予想される（田村 1986, 1996；髙嶋 2000）．それにもかかわらず既存研究は，流通システムと市場志向の関係についての洞察を欠いているのである．

　そこで本章は，わが国の消費財業界に注目し，戦後から今日にかけての流通システムの変化が，製造業者の市場志向，とくに顧客対応と競合対応の仕方に，どのような影響を及ぼしているのかを検討する．

本章の構成は次のとおりである．第1節では市場志向研究のレビューが行われ，流通システムと市場志向の関係についての議論が不十分であること，またそのために，既存研究が提示してきたマネジリアル・インプリケーションの妥当性も著しく限定されてしまうことを指摘する．第2節では，わが国の消費財流通システムの変化として，「流通業界の寡占化」，「消費者選好に対する流通業者の影響力増大」，「在庫回転率の重視」の3点を抽出し，これらの影響を受けて，① 製造業者の顧客志向が「消費者志向」から「流通業者志向」にシフトしていること，また，② 他社に対する競争対応は「バンドワゴン型あるいは徒競走型」の性格を強めていること，さらにその帰結として，③ 個々の製造業者の業績が悪化するのみならず，製品開発を巡る企業間競争メカニズムの有効性が損なわれる可能性があることを主張する．おわりに，前節までの議論が整理され，その上で今後の課題が示される．

1．既存研究のレビュー

(1) 市場志向研究の登場

企業は，顧客のニーズを起点に経営活動およびマーケティング活動を遂行しなければならない．このような考え方は，「マーケティング理念」（marketing concept）として古くから存在してきたが，それはスローガンないし経営哲学の域を出ず，実践に対する具体的な指針を提示するものではなかった（Kohli & Jaworski 1990; Webster 1994）．こうした問題意識の下，マーケティング理念を具体的な組織活動の問題として議論すべく登場したのが，「市場志向」（market orientation）と呼ばれる概念である[1]．

市場志向研究の先駆的業績である Kohli & Jaworski (1990) は，市場志向を「市場情報（market intelligence）の生成，組織部門間における市場情報の普及，そして，その情報に対する組織的反応」と定義した．ここで市場情報とは，現在および将来の顧客ニーズや競合他社の動向に関する情報が含まれる．彼らの定義では，市場情報の収集に始まり，組織内での分析・解釈，および他部門との情報共有を経て，その情報をマーケティング諸活動に活用するまでの一連の

活動を包摂したものとして市場志向が捉えられている．

　また Narver & Slater（1990）は，市場志向を「買手に対する優れた価値の創出と，優れた事業成果の持続に必要な行動を，最も効果的・効率的に作り出すための組織文化」と定義し，それは「顧客志向」,「競合志向」,「部門間調整」の3要素によって構成されると主張した．Narver & Slater（1990）による市場志向の定義や構成要素は，一瞥すると Kohli & Jaworski（1990）のそれと異なるようにみえる．しかし Narver & Slater（1990）において，顧客志向と競合志向は「顧客や競合他社に関する市場情報の獲得と組織内普及」を，また部門間調整は「顧客に対する価値創造を目指した，市場情報にもとづく組織的努力の調整」を意味しており，Kohli & Jaworski（1990）流の定義と実質的には同じである．

　以上の点を踏まえて，市場志向の構成要素を整理すれば表1のように整理できるであろう．

　市場志向概念の登場後，研究の関心は，「市場志向が組織成果といかなる関係を持つのか」という点に移行し，この課題に取り組む実証分析が多数蓄積されることになる．たとえば Jaworski & Kohli（1993）は，SBU レベルのサーベイ・データを用いた分析により，市場志向は組織成果（知覚された過去比・競合他社比の総合成果）に正の影響力を有し，またその効果は市場環境の変動に対して頑健であると結論付けた．また Slater & Narver（1994），Subramanian & Gopalakrishna（2001），水越（2006b）も，市場志向が企業成果に有意な正の影響

表1　市場志向の構成要素

		活動		
		情報の生成	情報の普及・共有	情報に対する反応
対象	顧客のニーズ	ニーズ情報の生成・把握	ニーズ情報の部門間共有	ニーズ情報に基づく反応と部門間調整
	競合他社の動向	競合情報の生成・把握	競合情報の部門間共有	競合情報に基づく反応と部門間調整

を及ぼすことを見出している．他方で Greenley (1995)，Grewal & Tansuhaj (2001)，Harris (2001)，久保 (2004) は，市場環境（競争の激しさ，技術的不確実性，顧客の交渉力等）が市場志向の有効性をモデレートすることを，また Han *et al.* (1998) は，市場志向と組織成果の関係が，技術および組織管理のイノベーションによって媒介されることを報告している．

(2) 先行型市場志向に関する研究

1990 年代以降，精力的に取り組まれてきた市場志向研究は，その後，大きな理論的問題に直面する．すなわち既存研究は，市場志向が組織成果を高めると仮説化してきたが，顧客ニーズへの固執が組織の革新性を奪う可能性があるとして，その有効性に疑問を呈する論文があらわれたのである (e.g. Hamel & Prahalad 1991; Berthon *et al.* 2004; Christensen & Bower 1996; Christensen 1997)．

こうした論争を受け，Narver *et al.* (2004) は，「市場志向とイノベーションの関係を巡る見解の不一致は，われわれが市場志向をあまりに狭く捉えていることに由来する」と述べ (p.335)，従来の研究が「顧客が表明したニーズに応える」という受動的側面にのみ注目してきた点を批判する．そして，顧客が表明した顕在的ニーズへの適応活動を「反応型市場志向」(responsive market orientation)，顧客が上手く表現できない，あるいは気付いていない潜在的ニーズの発見・理解・充足に向けた諸活動を「先行型市場志向」(proactive market orientation) と定義し，市場志向を 2 つの下位概念に分割した[2]．その上で，競合他社比の新製品成功度を従属変数，反応型市場志向や先行型市場志向などを独立変数とする実証分析が行われ，先行型市場志向のみが新製品の成功度に有意な正の影響を及ぼすという結果が得られた[3]．

これ以降，Narver *et al.* (2004) は多くの研究に追随されることになる (e.g. Atuahene-Gima *et al.* 2005; Li *et al.* 2008; Bodlaj 2010; Voola & O'Cass 2010; Zang & Duan 2010; Brettel *et al.* 2012; Hartono 2013; Cai *et al.* 2014; 石田 2015；結城 2016)．総じてこれらの後続研究は，先行型市場志向が直接的あるいは間接的に，企業成果に望ましい影響を及ぼすこと，さらに反応型市場志向と比較すると，先行型市場志

向は組織・製品イノベーションの新奇性や急進性と強い関係を持つことを報告している。また組織内部における先行型市場志向の浸透度合いは，競争戦略の基本指針，環境条件，組織文化などによって規定されることも指摘されている（e.g. Voola & O'Cass 2010; Herhausen 2011; Wang *et al.* 2013）。

⑶　問題の所在

さて，ここまで市場志向研究の系譜を簡略的に辿ってきたが，そこには未だ取り組みが不十分な課題が2つ残されている。

第1の課題は，「顧客ないしは適応対象としての流通業者」の存在が等閑視されている点である。Kohli & Jaworski（1990）や Narver & Slater（1990）は，製造業者の市場志向を考える場合，消費者のみならず，流通業者を含めたあらゆる段階の顧客を考慮することが重要であると指摘している。しかし彼らを含めて，多くの既存研究は消費者（あるいは最終ユーザー）のニーズ対応問題にフォーカスしており，企業と消費者を媒介する流通業者のニーズをほとんど考慮していない。

もちろん，流通業者が消費者ニーズをたんに代弁するだけの存在であれば，あえて消費者と流通業者のニーズを識別する必要はないであろう。しかし次節において検討されるように，製品の仕入れ・品揃え形成における流通業者のニーズは，消費者のニーズをそのまま反映したものではない。そのため製造業者は，必ずしも一致しない両者のニーズにどう応えるか，という複雑な課題に直面するのである。

これは，流通業者の存在を等閑視したり，消費者と流通業者を同じ顧客として同列に扱ってしまっては，みえてこない問題である。消費財業界では一般的に，間接チャネルが採用されることが多い。そのため消費財製造業者の市場志向を議論する際には，流通業者の存在を明示的に考慮し，かつそのニーズが消費者のそれと異なることを認めた上で，「製造業者がチャネル内部の誰のニーズに，どのように応えようとしているのか」を考えなければならない。

第2の課題は，既存研究があげてきた市場志向の先行条件が，組織内部要因

に偏り過ぎている点である．たとえば Kohli & Jaworski (1990) は，市場志向の先行条件として，トップ・マネジメント要因（市場志向の強調度やリスクへの態度）および組織の文化的・構造的要因（部門間のコンフリクトや集権度）を，また Herhausen (2011) は，先行型市場志向の先行条件として，組織内コンフリクトの建設性，失敗およびカニバリゼーションの許容度，未来志向をあげている．

しかし現実には，これらの処方箋に従って市場志向を強化しても，企業成果は改善しないかもしれない．たとえば Herhausen (2011) に従えば，部門間コンフリクトを建設的なものにし，カニバリゼーションや失敗を恐れない組織文化を築くことで，先行型市場志向が組織内に浸透し，顧客の潜在的ニーズに応えうる新製品の開発が活発化することになる．しかし先行型市場志向の浸透に成功し，革新的な新製品を開発できたとしても，その売上が流通業者にとって満足のいくものでなければ，当該製品は即座に店頭から排除され，製造業者はそれ以上の製品育成努力を投入することが困難となる．

またそもそも流通業者が，販売効率を高めるために自身の品揃えを頻繁に修正するならば，製造業者は自社製品のシェルフ・スペースを守るために，安定的かつ即時的な売上が期待できる既存製品の改良に注力せざるをえず，不確実性の高い革新的製品の開発は後回しとなるであろう．つまり製造業者が反応型市場志向よりも先行型市場志向を重視し，潜在的ニーズの捕捉に努めようとしても，流通業者の品揃え行動がその実現を妨害する，ということが起こりうるのである．

上記の検討から推測できるように，製造業者が反応型と先行型のどちらの市場志向を追求するのか，そしてその追求が業績向上というかたちで報われるか否か，という問題は，製造業者が埋め込まれた流通システムに大きく依存しているのであり，組織内部の文化や構造に還元して説明することはできない．それにもかかわらず既存研究は，市場志向の先行条件とその帰結を議論する際に，流通システムの影響を等閑視しているのである．この点において，既存研究が提示するマネジリアル・インプリケーションの妥当性は，著しく限定され

ることになる．

　以上にあげた既存研究の課題を整理しよう．市場志向研究における第1の問題点は，製造業者の「適応対象（顧客）としての流通業者」を考慮していないことであり，第2の問題点は，製造業者の市場志向を制約する「環境要因としての流通システム」を考慮していないことである．両者の意味内容は微妙に異なるものの，いずれも流通システムを分析から捨象していることに起因する問題である．

　市場志向と流通システムの関係を検討することは，マーケティングの実践や理論的進化に対して大きなインパクトを持つはずである．

　たとえば近年では，製品のコモディティ化が進んでおり，製造業者の付加価値創出能力の低下が問題視されている．そしてその原因として，市場の成熟化と技術の安定化，製品や部品のモジュール化，競争の国際化，機能的価値の過度な追求，あるいは強い技術信仰の存在などが指摘されてきた（楠木 2006；恩蔵 2007；延岡 2011；高嶋 2013）．

　こうした説明は説得的である．しかしコモディティ化は，それらの要因だけでなく，わが国の流通システムの特性によっても促進されてきた可能性がある．つまり，製造業者が革新的な製品を生み出せず，横並びのスペック競争に注力するのは，そうした行動を製造業者に強いる流通システムが存在しているからではないか，ということである．そして，もしそうだとすれば，脱コモディティ化の方策は，「流通システムが製造業者のマーケティングをどう制約しているのか」，「その制約の中で，製造業者は顧客（個々の流通業者や消費者）に対していかに適応可能か」という問題・文脈の中で検討されなければならない（結城 2017）．

　以上の議論を踏まえつつ，次節においては，わが国における流通システムの変化を概観し，その変化が製造業者の市場志向に及ぼしている影響力を析出させる．

2．流通システムの変化と市場志向

⑴ わが国における流通システムの変化

かつてわが国の流通システムは，小売業の零細性・過多性・生業性，および卸売業の多段階性によって特徴付けられてきた．これらの特徴は，第二次世界大戦以前から観察されていたものであるが，その傾向は戦後，高度経済成長を経てもなお温存されることになった．

それでは，高度経済成長を経験し，欧米先進国に比肩しうる経済発展を遂げたにもかかわらず，零細性や生業性といった小売業の前近代的特徴は，なぜ持続したのであろうか．この問題の解明に取り組んだ田村 (1986) は，その基本的な理由を「市場スラック」に求めた．すなわち当時は，異常に高い経済成長率が長期間持続し，各産業の市場規模も継続的に拡大していたため，本来であれば大規模小売業者との競争により退出を迫られるはずの零細小売業者にも，容易に生存し続けるだけの市場空間が残されていたというのである．

また田村 (1986) は，その他の理由として，「零細小売業者に対する政治的優遇」と「製造業者のマーケティング行動」をあげている．前者の意味するところは，大型小売店に対する厳しい出店・営業規制，たばこ，酒類，米穀などにおける免許・許可制の存在，そして個人事業主に対する税制面での優遇である．また後者は，製造業者が自社製品の差別的販売努力の実現を目指し，その橋頭堡として中小小売業者の系列化を進めたこと，そして製造業者による系列店への経営支援がその存続に寄与していたことを指す．

しかしながらその後，高度経済成長は終焉を迎え，また大型店に対する出店規制も緩和されていった．その結果，1980 年代以降になると，零細小売業者の数は減少し，逆に大規模店舗を擁する小売業者や小規模店舗を広い地域にチェーン展開する小売業者が急速に台頭し始める．そして，零細小売業者の衰退と組織小売業者の台頭は，わが国の流通システムに対して，以下のごときインパクトを与えることになった．

第 1 は，流通業界の寡占化とパワーシフトである（田村 1996；結城 2014）．流

通業者（小売業者）の組織化ないし大規模集約化が進み，製造業者が少数の有力流通業者に製品を売り込むようになったことで，個々の流通業者に対する製造業者の販売依存度が増加した．他方で，業態化を通じて品揃えの幅を広げた流通業者は，個々の製造業者に対する自らの仕入依存度を低下させた．その結果，製品の取引条件や流通様式を巡る交渉力は，製造業者から流通業者へとシフトすることになった．

　第2に，消費者の製品選好に対する流通業者の影響力が増した（田村 1996）．そもそも流通業者は，自らの小売サービス，販促活動，品揃え形成を通じて，消費者選好に影響を及ぼすことのできる存在である．しかしながら流通系列化が有効に機能していた時代，消費者選好に対する流通業者の影響力は，製造業者によって厳しく統制されていた．正確にいえば，流通業者が消費者選好に影響を及ぼしうる存在であるからこそ，製造業者はその行動を管理し，自社製品に対する非代替的需要を形成しようとしたわけである（髙嶋 1994）．ところが流通業者へのパワーシフトが発生することで，製造業者による流通業者の行動統制は困難になり，流通業者は，自らの小売サービス，販促活動，品揃え形成の内容を自律的に決定できるようになった．また大手流通業者は，熾烈化する他社との競争に対応すべく，各種の小売マーケティング活動の洗練化を追求し始めた．こうした事情によって，消費者選好に対する流通業者の影響力は，ますます大きくなったと考えられる．

　第3に流通業者は，品揃え形成に際して在庫回転率を重視するようになった（髙嶋1989；田村1989；石原2000）．系列店チャネルが繁栄していた時代においては，製造業者が流通業者に在庫を押し込むことで，その販売努力を引き出していた（髙嶋 1994）．また当時は，消費者ニーズが同質的でその変化も緩慢であったため，投機的な在庫の処理は比較的容易であった．しかし1980年代以降，消費者ニーズの多様化が進むことで，投機的在庫のリスクは流通業者が負担できないほど大きくなった．またコンビニエンス・ストアや総合スーパーをはじめとする小売業態においては，売れ筋を見極めて品揃えの魅力度と鮮度を維持することが，競争優位を獲得する上での最重要課題となった．このような背景

の下，「POSなどの情報技術を活用し，在庫回転率の高い製品を仕入れ，そうでない製品を排除する」という行動パターンが，流通業界において広く定着するに至ったのである（石原2000）.

　それでは，以上にあげたわが国流通システムの3つの変化，すなわち「流通業界の寡占化」，「消費者選好への影響力の増大」，「在庫回転率の重視」は，製造業者の市場志向，とくに顧客対応と競合対応の仕方に，どのような影響を及ぼしたのであろうか．以下，順にこの点を検討しよう.

(2)　流通システムの変化と顧客対応

　かつて系列店チャネルが繁栄していた時代，流通業者は，消費者ニーズを製造業者に伝達する「購買代理人」としての役割よりも，むしろ製造業者の価値提案を消費者に伝達する「販売代理人」としての役割を担っていた．そのため「どのような新製品を開発すべきか」，「それをどのようなマーケティング・ミックスの下で販売すべきか」という問題は，あくまで製造業者の決定事項とされ，流通業者がその意思決定過程に大きな影響を及ぼすことはできなかったし，またそうすることも期待されていなかった（田村1996）.

　しかし，流通業界の寡占化が進むことで事態は変化する．流通業界の寡占化は，特定の流通業者に対する製造業者の販売依存度を増加させ，流通業者の仕入れが絶たれることによる製造業者のダメージを深刻なものにする．しかも製造業者に対するパワーを増した流通業者は，消費者の製品選好に対しても大きな影響力を発揮するようになった．製造業者にとっては，有力流通業者と良好な取引関係を維持することが最優先事項となり，消費者のニーズよりもむしろ，「こういう製品を仕入れたい」という流通業者のニーズに従って製品開発を行わなければならなくなったのである（矢作1996；髙嶋2000）.

　無論，流通業者は消費者に製品を再販売する立場にあるから，製品仕入れにおける流通業者のニーズは，消費者のニーズとまったく独立に存在するわけではない．しかしそれは，消費者のニーズをそのまま反映したものではなく，消費者ニーズの一部を切り取り，かつそれに流通業者固有のバイアスを加えたも

のとなる.

　この点を敷衍しよう. 既述の通り, 今日の多くの消費財流通業者は, 品揃え形成において在庫回転率を重視している. それゆえ回転率の低い製品は「死に筋」の烙印を押されて, ただちに品揃えから除外される. また, その際に空いたシェルフ・スペースは新製品によって埋められるが, やはりその新製品に対しても高い在庫回転率の実現, いい換えれば「発売直後から高い売上を達成できること」が求められるようになる (加藤 2002).

　ここで, 「発売直後から高い売上を達成できる製品のポテンシャル」を, 「売上の即時性」と呼ぶことにしよう. 売上の即時性は, 製品が単に消費者ニーズに合致しているだけでなく, それが金銭的裏付けのある「需要」として表出するかどうか, そして, その需要を短期間のうちに創出させる「瞬発力」を備えているか否か, という点に着目した概念である.

　流通業者が, 製品仕入れの基準として売上の即時性を重視する場合, 製造業者は消費者の潜在的ニーズへの対応を敬遠するようになるであろう. なぜならば, 潜在的ニーズへの対応を試みる製品を開発できたとしても, その需要を生み出すには, 消費者に自身の無自覚なニーズを理解させ, かつそのニーズが当該製品によって充足されることを教えなければならず, そのために一定の時間が必要となるからである. 他方で, 顕在的ニーズへの対応であれば, 消費者を教育するための時間が不要となるので, 発売から需要創出までのタイムラグを短縮することができる. それゆえ流通業者が製品に対して売上の即時性を期待するほど, 製造業者は消費者の顕在的ニーズを念頭においた製品開発に傾注することになるであろう.

　加えて売上の即時性という条件は, 製品発売後にプロモーション方法や販売方法を修正するといった, 事後的な試行錯誤の時間が十分に確保できないことも意味している. したがって製造業者は, 新製品の需要量や需要創出に必要なマーケティング・ミックスを事前に予測できなければならないし, その予測の妥当性を流通業者に説明し, 事前の納得を得ておかなければならない. そのため製造業者は, 新製品の仕様やマーケティング・ミックスを決定するに際し

て，自社あるいは競合他社の過去の成功パターンを採用・参照するとともに，「過去の実績に基づいて計画を立てている」という事実を，流通業者に対する説得材料として活用することになるであろう．

　以上の議論を踏まえて，流通システムの変化が製造業者の顧客志向に及ぼしたインパクトを整理すれば，次の通りである．

　流通業界の寡占化，そして消費者選好に対する流通業者の影響力増大は，製造業者の顧客志向を「消費者志向」から「流通業者志向」へとシフトさせた．つまり製造業者がチャネルを統制できていた時代とは異なり，今日では製品の生殺与奪権を流通業者が掌握しているため，製造業者は自らのマーケティングを流通業者のニーズに合わせて実行しなければならなくなった．ここで製造業者が直面する流通業者のニーズは，消費者のニーズをたんに集計したものではない．それは，流通業者の在庫管理上の都合のために，「売上の即時性」というフィルターによって濾し出された消費者ニーズである．流通業者の要請する売上の即時性を実現するためには，製品発売から需要創出までのタイムラグを短縮しなければならない．そのため製造業者は，製品開発において消費者の顕在的ニーズにフォーカスせざるをえなくなる．加えて，新製品を市場化するにあたっては，当該製品の有望性と販売計画の妥当性について，流通業者を事前に説得できていなければならない．結果として製造業者は，製品仕様やマーケティング・ミックスを決定する際に，自社や競合他社の過去の成功パターンを採用・参照する傾向を強めることになる．

(3)　流通システムの変化と競合対応

　次に流通システムの変化が，製造業者の競合対応の仕方に及ぼすインパクトを検討する．

　既述の通り，在庫回転率を重視する流通業者は，即時的な売上が見込める製品を製造業者に要求する．しかも流通業界が寡占化することで，有力流通業者のシェルフ・スペースを巡る争いが熾烈化するため，製造業者は新製品を間断なく投入せざるをえない状況に追い込まれる（石原 2000；小川 2006；髙嶋 2013）．

競合他社の新製品投入を無為に看過すれば，自社製品のシェルフ・スペースが縮小してしまうからである．よって個々の製造業者は，売上の即時性に関する流通業者の要求に「いかに早く，確実に，そして継続的に応えるか」という点を巡って競争することになる．とはいえ，売上の即時性が期待でき，かつ既存製品と一線を画す革新製品を開発し続けることは至難の業である．そのため製品開発においては，売れ筋や市場トレンドに追随する傾向が強まるであろう[4]．

　以上に述べた製造業者間の競争は，消費者選好に対する流通業者の影響力増大によって，さらに拍車がかかる．たとえばデジタル・カメラの販売風景を想像してみよう．家電量販店の店頭においては，各製品の値札に画素数，ズーム倍率，手ぶれ補正機能や顔検出機能の有無といったスペック一覧が表示されている．これは，消費者が製品の比較・選択を容易に行えるようにするための工夫であるが，同時にそれは，家電量販店が各製品の特徴をどのように表示するかによって消費者の製品選択が変化しうる，という事実も映し出している．その結果，製造業者は，家電量販店が作成するスペック一覧を念頭において，競合他社よりも優れた製品の開発を目指さざるをえなくなる[5]．しかも個々の製品は，数値や○×といった記号に変換された上で競合製品との比較に晒されるため，数値や機能の有無で他社製品に見劣りすることが許されなくなる（楠木2006；Moon 2010）．

　以上の議論を整理しよう．わが国における流通システムの変化は，製造業者の顧客対応のみならず，その競合対応の仕方にも影響を及ぼしている．製造業者間の競争は，「売上の即時性」や「数値化・記号化されたスペック」という，流通業者が定めた基準・ルールに従って展開されるようになった．パワーを有し，かつ在庫回転率を重視する流通業者と対峙する製造業者は，その取引関係を継続するために，売れ筋や市場トレンドに追随する「バンドワゴン型の競争」に飲み込まれることになる．加えて，製品の特徴が数値や記号によって容易に表現される製品・市場においては，ライバルよりも高性能で多機能な新製品をいかに開発し続けるか，という点を巡る「徒競走型の競争」が展開される

ことになる．

(4) 「流通業者志向」と「バンドワゴン型／徒競走型競争志向」の帰結

ここまでの議論を通じて，わが国の流通システムの変化が，製造業者の顧客志向を「消費者志向」から「流通業者志向」にシフトさせ，また「バンドワゴン型あるいは徒競走型」の水平的競争行動を促してきたことが指摘された．

それでは，わが国の流通システムの変化と市場志向の変質は，その結果として，いかなる帰結をもたらすであろうか．本節の最後に，この点を検討する．

まずミクロ的な視点から考えてみると，市場志向の変質は個々の製造業者の業績を悪化させる方向に作用するであろう．その理由は2つ存在する．第1に，多くの製造業者が消費者の顕在的ニーズのみに注目して，即時的な売上の期待できる製品の開発を目指すことで，製品差別化の余地が大きく減少するからである．そして第2に，売れ筋や市場トレンドに準拠したスペック競争が過熱すると，製品の性能が消費者ニーズを凌駕し，そのために消費者の支払い意思額の頭打ちが発生してしまうからである（延岡 2011）．

加えて，市場志向の変質とそれを引き起こした流通システムの変化は，業界内の健全な競争を阻害する可能性もある．Hirschman（1970）が指摘したように，企業が「取り返しのつく過失」（本章の文脈でいえば，一時的な顧客適応の失敗や不満の発生）から回復するためには，「過失に敏感に反応する顧客」（代替製品に即座にスイッチする顧客）と，「過失への反応が緩慢な顧客」（代替製品に容易にスイッチしない顧客）とが，市場内に併存することが望ましい．というのも企業は，「過失に敏感に反応する顧客」の取引離脱を観察することで自らの過失を悟り，回復に向けた努力をスタートさせることが可能になり，また他方では「過失への反応が緩慢な（したがってその時点では取引から離脱していない）顧客」が存在することで初めて，回復に向けた努力が結実するために必要な時間的・金銭的余裕を確保できるからである．

注意すべきことに，仮にすべての顧客が企業の過失に敏感に反応する存在であるとき，企業は回復の術を失ってしまう．なぜならば，過失発生時にすべて

の顧客が一斉に引き上げてしまえば，自社が直面している状況を理解し，対策を打ち，そしてその対策が効果を発揮するまで待つ，というプロセスを踏むために必要な時間的・金銭的猶予が，一切なくなってしまうからである．

　この Hirschman（1970）の主張を，製造業者と流通業者の取引関係に適用してみよう．もし特定業界内のすべての流通業者が，売れ行きの芳しくない製品を即座に，かつ一斉に排除するならば，それは上述した「すべての顧客が企業の過失に敏感に反応する」状況とほとんど変わらないものとなるであろう．この場合，製造業者は「自社製品のどこに問題があったのか」，「顧客満足を高めるためには何が必要か」を考えて対策を打つ時間を確保できないことになる．そしてこのとき，製造業者に残された選択肢は，「市場からの退出を甘んじて受け入れる」か，それとも「他社の売れ筋製品を模倣した製品を即座に投入する」かのいずれかとなる．多くの製造業者は当然，後者の選択肢を採用して生存を図ろうとするが，それに伴って，製造業者の製品開発能力は低下していくであろう[6]．

　加えて，業界内のすべての製造業者が上記の境遇に置かれるようになると，当該業界の競争メカニズムは，より一層機能しなくなる．というのも，他社製品の模倣行動が製造業者間で蔓延することになれば，その競争や製品の多様化は「競合する企業同士がそれぞれの顧客を互いに誘いだす結果」にしかならず，「それだけ無駄が多く，注意をはぐらかせる」だけのことに終始してしまうからである（Hirschman 1970, p. 28）．

　　「自信を持って薦められる『本当の新製品』が少なくなった．手堅い分
　　野か，他社が鉱脈を掘り当てた分野に各社が殺到するから，新製品のジャ
　　ンルが広がらない．……じっくりと開発をしていないから，すぐにめっき
　　がはげて棚から押し出される．」（「商品の寿命は3週間：多産多死はショート
　　セラーで勝つ」，『日経ビジネス』2006年5月29日号，28ページ）

これは大手コンビニエンス・ストアの仕入れ担当者の言葉である．しかしこ

の問題は，たんなる製造業者の怠慢として片づけることはできない．というのも，これまでの議論に従えば，かかる事態を生み出した張本人は，売上の即時性を重視してきたコンビニエンス・ストア自身であった，と考えることもできるからである．

個々の流通業者にとって，「売れ筋を確保し，死に筋を排除する」という行動は合理的である．しかし多くの流通業者がその指針にもとづいて行動するようになると，上記引用文に述べられている「本当の新製品」を開発する余裕が，製造業者から奪われてしまう．ミクロ・レベルにおける流通業者の合理的な行動の集計は，マクロ・レベルにおける生産・流通システムの合理性に必ずしも結び付かないのである．

おわりに

本章の目的は，わが国における流通システムの変化を概観し，その変化が製造業者の市場志向に及ぼす影響力を検討することにあった．第1節においては，市場志向に関する研究がレビューされ，流通システムの存在が議論から捨象されていることが問題点として指摘された．第2節においては，わが国の流通システムの変化が概観され，重要な変化として「流通業界の寡占化」，「消費者選好に対する影響力の増大」，「在庫回転率の重視」の3点が抽出された．次いでこれらの流通システムの変化によって，製造業者の顧客志向が「消費者志向」から「流通業者志向」にシフトしたこと，また製造業者間の競争については「バンドワゴン型あるいは徒競走型」の性格が強まっていることが指摘された．そしてその帰結として，個々の製造業者の業績が悪化するのみならず，製品開発における競争メカニズムの有効性が損なわれる可能性があることを主張した．以上のポイントを図式として整理すれば，図1に示す通りである．

最後に，今後取り組むべき課題を述べる．第1に，本章の主張の妥当性に関する実証的検討が必要である．本章の議論は消費財業界を対象としたものであったが，同じ消費財であっても，売上の即時性の重視度や製品開発における競争の焦点は，業界によって大きく異なるであろう．さらに本章では触れなかっ

図1 流通システムの変化による市場志向の変化とその帰結

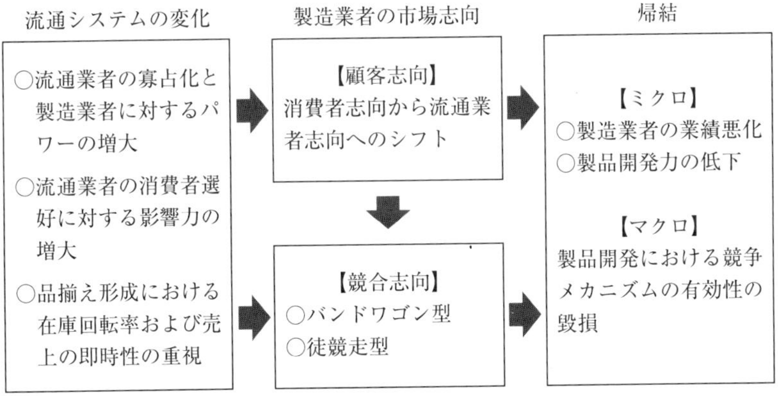

流通システムの変化	製造業者の市場志向	帰結
○流通業者の寡占化と製造業者に対するパワーの増大 ○流通業者の消費者選好に対する影響力の増大 ○品揃え形成における在庫回転率および売上の即時性の重視	【顧客志向】 消費者志向から流通業者志向へのシフト 【競合志向】 ○バンドワゴン型 ○徒競走型	【ミクロ】 ○製造業者の業績悪化 ○製品開発力の低下 【マクロ】 製品開発における競争メカニズムの有効性の毀損

たが，製造業者サイドの寡占度といった市場構造も，製品開発の内容やサイクルに無視できない影響を及ぼしているはずである．これらの点に留意しつつ，流通システムの変化と市場志向の関係をデータにもとづいてチェックしなければならない．

　第2の課題は，製造業者のチャネル戦略を再検討することである．本章は，流通システムの変化が製造業者の市場志向に及ぼす影響にフォーカスしたものの，そうした統制不可能な環境変化のなかで，製造業者がチャネルをどう設計・管理すればよいか，という問題を検討しなかった．

　本章の議論を踏まえると，製造業者が消費者の潜在的ニーズに対応したり，あるいは不毛なスペック競争から脱却したりするためには，① 流通業者を利用せず，SPA のような垂直統合型のチャネルを構築する，② 間接チャネルと直営チャネルを併用し，そのうち直営チャネルを，市場情報の入手ルートや新製品のテストの場として利用する，③ 子会社を別に設けて，その組織に潜在的ニーズの探索・対応というミッションを負わせる（Christensen 1997），④ 流通業者と協力関係を確立し，共同で製品開発を行う（小川 2006），⑤ 自社製品ラインの中に，顕在的ニーズへの対応を目的とした製品と，潜在的ニーズの探索・発見を目的とした製品，あるいはブランド・アイデンティティや企業の個

性を表現する役割を担う製品を含める（小川 2006），などの方策が考えられるであろう．

しかし，以上に列挙したチャネル管理方策は，どれだけ有効なのだろうか．またその他に有効な方策はないのだろうか．これらの方策は生産財業界においても通用するであろうか．マーケティング・チャネル論の理論的前進のためにも，そして収益性の低下に直面している企業に対して意味あるインプリケーションを提示するためにも，これらの問いに答えることが求められている．

1) 市場志向研究の系譜に関する包括的なレビュー論文として，猪口（2012）があげられる．

2) この定義からもわかるように，Narver *et al.*（2004）は Narver & Slater（1990）が示した市場志向概念の3要素（顧客志向，競合志向，部門間調整）のうち，顧客志向のみを取り上げて市場志向を論じている．それゆえ本来であれば，先行型市場志向は先行型「顧客志向」と呼ぶべきであるが，当該研究領域では先行型市場志向という言葉が定着しているので，本章もその慣例に従うことにする．

3) Narver *et al.*（2004）の概要やその示唆については，水越（2006a）を参照されたい．

4) この点を象徴する事例として，次の記事をあげることができる．「『オタクの商品，来月から打ち切らせていただきます』．ある食品メーカーの営業担当者は……コンビニエンス・ストア本部の担当者からこう告げられた．1か月前に発売したばかりなのに，取り扱いを打ち切る『棚落ち』の通告を受けてしまった．……新製品の殺生与奪を握るのが，コンビニやスーパーが集計する POS データだ．製品ごとの販売個数や，顧客属性，地域別動向の詳細なデータが，3日後，1週間後，2週間後と逐一メーカーに伝えられる．そして，売り上げが一定以上落ち込めば『棚落ち』が宣告される．メーカー側がいくら商品力に自信があって，売り方を変えればまだまだいけると思っても，交渉の余地は一切ない．……だから，メーカー各社は POS データを意識して，売れ筋の製品を投入せざるを得なくなる．その結果，店頭には似たような製品ばかりが並ぶ．じっくり腰を据えて新機軸を打ち出す余裕はない．」（「ヒットづくりの決意：顧客を裏切る」，『日経ビジネス』2007年9月10日号，33ページ）．

5) この点に関しては，次の記事を参考にした．「家電量販店のコンパクト・デジタルカメラ売り場．……それぞれの製品には値段とともに，機能の有無や性能の数値

を示す一覧表がついている．画素数「700 万」，光学ズーム『3 倍』，手ぶれ補正『○』，顔検出『×』……．メーカーは各社とも，ライバルよりも少しでも性能の数値を高めたり，たくさんの機能を盛り込んで，自社の製品を差別化しようと躍起だ．メーカーをこんなスペック競争に駆り立てるのは『恐怖心』だと，ある大手家電メーカーの幹部は教えてくれた．他社よりも機能の有無や性能で見劣りすれば，消費者が選んでくれないという不安に支配される．」(「ヒットづくりの決意：顧客を裏切る」，『日経ビジネス』2007 年 9 月 10 日号，31-32 ページ)．

6)　たとえば昨今のアパレル業界に関して，次のような問題点が指摘されている．(アパレル・メーカーは)「本来なら『こんな商品を作ってほしい』と具体的な指示を出す相手だったはずの商社や OEM メーカーに『なんでもいいから，売れ筋商品を持ってきてくれ』と頼み続けるうちに，自ら売れ筋を生み出す力を失っていった」(杉原・染原 2017，30 ページ)．

参 考 文 献

石田大典「先行型市場志向と反応型市場志向がパフォーマンスへ及ぼす影響―メタアナリシスによる研究成果の統合―」，『流通研究』第 17 巻第 3 号，2015 年，13-37 ページ

石原武政『マーケティング競争の構造』，千倉書房，1982 年

石原武政『商業組織の内部編成』，千倉書房，2000 年

猪口純路「市場志向研究の現状と課題」，『マーケティング・ジャーナル』第 31 巻第 3 号，2012 年，119-131 ページ

小川進『競争的共創論 ―革新参加社会の到来―』，白桃書房，2006 年

恩蔵直人『コモディティ化市場のマーケティング論理』，有斐閣，2007 年

加藤司「流通組織の新展開」，大阪市立大学商学部編『ビジネス・エッセンシャル⑤ 流通』第 10 章，有斐閣，2002 年

楠木健「次元の見えない差別化：脱コモディティ化の戦略を考える」，『一橋ビジネスレビュー』第 53 巻第 4 号，2006 年，6-24 ページ

久保知一「2 つの組織能力とマーケティング戦略 ―日本企業のレント創出メカニズムの実証分析―」，『三田商学研究』(慶應義塾大学) 第 47 巻 3 号，2004 年，195-214 ページ

杉原淳一・染原睦美『誰がアパレルを殺すのか』，日経 BP 社，2017 年

髙嶋克義「流通チャネルにおける延期と投機」，『商経学叢』(近畿大学) 第 36 巻第 2 号，1989 年，55-68 ページ

髙嶋克義『マーケティング・チャネル組織論』，千倉書房，1994 年

髙嶋克義「製販同盟の論理」，*Business Insight*(神戸大学) 第 4 巻第 2 号，1996 年，

22-37 ページ

髙嶋克義「日本型マーケティングの分析視角」，髙嶋克義編『日本型マーケティング』第 1 章，千倉書房，2000 年

髙嶋克義「マーケティング戦略転換の組織的制約―脱コモディティ化戦略の実行可能性に基づいて―」，『流通研究』（日本商業学会）第 16 巻第 1 号，2013 年，61-76 ページ

田村正紀『日本型流通システム』，千倉書房，1986 年

田村正紀『現代の市場戦略』，日本経済新聞社，1989 年

田村正紀『マーケティング力―大量集中から機動集中へ―』，千倉書房，1996 年

延岡健太郎『価値づくり経営の論理』，日本経済新聞出版社，2011 年

水越康介「反応型市場志向と先行型市場志向」，『ビジネス・インサイト』（神戸大学）第 14 巻第 2 号，2006 年 a，20-31 ページ

水越康介「市場志向に関する諸研究と日本における市場志向と企業成果の関係」，『マーケティング・ジャーナル』第 26 巻第 1 号，2006 年 b，40-55 ページ

矢作敏行「製販統合の焦点」，石原武政・石井淳蔵編著『製販統合』第 7 章，日本経済新聞社，1996 年

結城祥『マーケティング・チャネル管理と組織成果』，千倉書房，2014 年

結城祥「先行型市場志向が企業成果に及ぼす影響：日本企業を対象とした実証分析」，『商学論纂』（中央大学商学研究会）第 58 巻第 1・2 号，2016 年，185-212 ページ

結城祥「取引のネットワークと製品開発の成果」，『流通研究』（日本商業学会）第 20 巻第 2 号，2017 年，49-64 ページ

Atuahene-Gima, K., S. F. Slater & E. M. Olson, "The Contingent Value of Responsive and Proactive Market Orientations for New Product Program Performance," *Journal of Product Innovation Management*, Vol. 22, No. 6, 2005, pp. 464-482

Berthon, P., J. M. Hulbert & L. Pitt, "Innovation or Customer Orientation? An Empirical Investigation," *European Journal of Marketing*, Vol. 38, No. 9/10, 2004, pp. 1065-1090

Bodlaj, M., "The Impact of a Responsive and Proactive Market Orientation on Innovation and Business Performance," *Economic and Business Review*, Vol.12, No.4, 2010, pp. 241-261

Brettel, M., M. Oswald & T. Flatten, "Alignment of Market Orientation and Innovation as a Success Factor: A Five-country Study," *Technology Analysis & Strategic Management*, Vol. 24, No. 2, 2012, pp. 151-165

Cai, L., Q. Liu, X. Zhu & S. Deng, "Market Orientation and Technological Innovation: The Moderating Role of Entrepreneurial Support Policies," *International Entrepreneurship and Management Journal*, advance online publication 14 Jan., 2014, doi: 10.1007/s11365-013-0290-3

Christensen, C. M., *The Innovator's Dilemma*, Harvard Business School Press, 1997（伊豆原弓訳，『イノベーションのジレンマ』，翔泳社，2000年）

Christensen, C. M. & J. L. Bower, "Customer Power, Strategic Investment, and the Failure of Leading Firms," *Strategic Management Journal*, Vol.17, No.3, 1996, pp. 197-218

Greenley, G. E., "Market Orientation and Company Performance: Empirical Evidence from UK Companies," *British Journal of Management*, Vol. 6, No. 1, 1995, pp. 1-13

Grewal, R. & P. Tansuhaj, "Building Organizational Capabilities for Managing Economic Crisis: The Role of Market Orientation and Strategic Flexibility," *Journal of Marketing*, Vol. 65, No. 2, 2001, pp. 67-80

Hamel, G. & C. K. Prahalad, "Corporate Imagination and Expeditionary Marketing," *Harvard Business Review*, Vol. 69, No. 4, 1991, pp. 81-92

Han, J. K., N. Kim & R. K. Srivastava, "Market Orientation and Organizational Performance: Is Innovation a Missing Link?" *Journal of Marketing*, Vol. 62, No. 4, 1998, pp. 30-45

Harris, L. C., "Market Orientation and Performance: Objective and Subjective Empirical Evidence from UK Companies," *Journal of Management Studies*, Vol. 38, No. 1, 2001, pp. 17-43

Hartono, A., "Investigating Market Orientation: Business Performance Relationships in the Yogyakarta (Indonesia) Batik Family Firms," *International Journal of Marketing Studies*, Vol. 5, No. 5, 2013, pp. 31-40

Herhausen, D., *Understanding Proactive Customer Orientation: Construct Development and Managerial Implications*, Springer Gabler, 2011

Hirschman, A. O., *Exit, Voice, and Loyalty: Responses to Decline in Firms, Organizations, and States,* Harvard University Press, 1970（矢野修一訳，『離脱・発言・忠誠—企業・組織・国家における衰退への反応—』，ミネルヴァ書房，2005年）

Jaworski, B. J. & A. K. Kohli, "Market Orientation: Antecedents and Consequences," *Journal of Marketing*, Vol. 57, No. 3, 1993, pp. 53-70

Kohli, A. K. & B. J. Jaworski, "Market Orientation: The Construct, Research Propositions, and Managerial Implications," *Journal of Marketing*, Vol. 54, No. 2, 1990, pp. 1-18

Li, C., C. Lin & C. Chu, "The Nature of Market Orientation and the Ambidexterity of Innovations," *Management Decision*, Vol. 46, No. 7, 2008, pp. 1002-1026

Moon, Y., *Different: Escaping the Competitive Herd*, Sagalyn Literary Agency, 2010（北川知子訳，『ビジネスで一番，大切なこと』，ダイヤモンド社，2010年）

Narver, J. C. & S. F. Slater, "The Effect of a Market Orientation on Business

Profitability," *Journal of Marketing*, Vol. 54, No. 4, 1990, pp. 20-35

Narver, J. C., S. F. Slater & D. MacLachlan, "Responsive and Proactive Market Orientation and New-Product Success," *Journal of Product Innovation Management*, Vol. 21, No. 5, 2004, pp. 334-347

Slater, F. S. & J. C. Narver, "Does Competitive Environment Moderate the Market Orientation-Performance Relationship?" *Journal of Marketing*, Vol. 58, No. 1, 1994, pp. 46-55

Subramanian, R. & P. Gopalakrishna, "The Market Orientation-Performance Relationship in the Context of a Developing Economy: An Empirical Analysis," *Journal of Business Research*, Vol. 53, No. 1, 2001, pp. 1-13

Voola, R. & A. O'Cass, "Implementing Competitive Strategies: The Role of Responsive and Proactive Market Orientations," *European Journal of Marketing*, Vol. 44, No. 1/2, 2010, pp. 245-266

Wang, Y., D. Zeng, C. A. Di Benedetto & M. Song, "Environmental Determinants of Responsive and Proactive Market Orientations," *Journal of Business & Industrial Marketing*, Vol. 28, No. 7, 2013, pp. 565-576

Webster, F. E., Jr., *Market-Driven Management: Using the New Marketing Concept to Create a Customer-Oriented Company*, Wiley, 1994

Zhang, J. & Y. Duan, "The Impact of Different Types of Market Orientation on Product Innovation Performance: Evidence from Chinese Manufacturers," *Management Decision*, Vol. 48, No. 6, 2010, pp. 849-867

第2章　ネット通信販売の展開と宅配便ビジネスの変容

塩 見 英 治

は じ め に

　通信と交通との関係は，補完，相乗，代替関係で捉えられる．20年ほど前は，テレビ会議などが普及し，代替関係が主流になっていくものと思われた．すなわち，通勤移動などが減少し，交通が通信にとって代わっていくと思われた．この代替は，テレワークなどの普及で，欧米ほどでないが，日本でも，一部に普及している．しかし，通信と交通（運輸）との近年の関係は，インターネット通販の展開によって，相乗性，もしくは，補完性が強くなっている．インターネットによる注文は，モノの実物的な宅配便輸送を伴う．消費者の移動の削減は，トラックの移動が補完する．インターネット通販は，CtoCから始まったが，今や，BtoCやBtoBまで広まっている．宅配便の需要は，それが持つ利便性から拡大したが，インターネット通販の普及は，その需要を一層，高めている．現在のデジタルを核とするイノベーションは，第4次産業革命と称されている[1]．同時に，ネット通販の需要の拡大は，宅配便のビジネスの変容をもたらしている．本章は，そのネット通販の展開と宅配便ビジネスの変容について考察している．

1．ネット通販の発展と特徴

　インターネット通販は，2000年以降に急増し，宅配便需要を一層高めている．EC市場は，2009年から2013年の5年間で，約1.8倍の規模で拡大し，購

図1　BtoC-EC の市場規模および EC 化率の経年推移

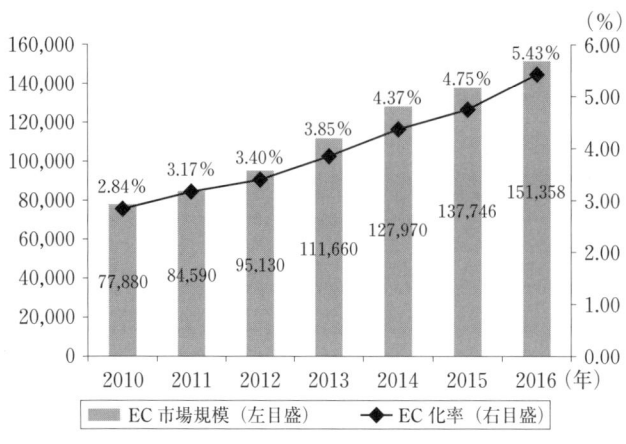

（出所）　経済産業省（2018）．1ページ.

入物品では，日用雑貨が全体の半分弱を占めている．高齢化が進展する中で，買い回りの利便性から，今後さらに，この傾向が高まることが予想されている．

　経済産業省は，2016 年の日本国内の BtoC-EC（消費者向け電子商取引市場規模）は，15 兆 1,358 億円と推定している．これには，サービス系分野，デジタル系分野が含まれている．前年比 9.9％と増加している．BtoC-EC のうちの物販系分野は 8 兆 43 億円で，これが通称，ネット通販と呼ばれている．この伸び率も 10.6％で，高い．ネットオークション市場規模も，2016 年に 10,849 億円であり，このうち，CtoC 部分は，3,458 億円を占めている．スマートホンやタブレット端末向けのアプリケーションソフトの利用のフリマアプリ市場は，2012年以降，年々増加しており，2016 年の 1 年間で，28％を占める 3,052 億円となっている[2]．BtoC-EC 市場規模には，小売・サービスを包含しており，サービス業には宿泊・旅行業，飲食業，娯楽業が含まれている．

　しかし，英国や米国の EC 化率と比べて低く，さらなる成長が見込まれている．まさに，小売業の新しい形態ともいえる．ネット通信販売業では，アマゾン，楽天市場，ヤフーなどの大手業者のプレゼンスが高まっている．そのイン

ターネットによる需要促進の要因には，次のものがあげられる．第1は，インターネットの普及である．利用者は，スマホの普及とともに急速な伸びを示しており，これに伴ってネット通販は大きく伸びている．第2は，基本的に送料無料のサービスである．

　ネット販売市場の特徴として，次の点をあげることができる．① 選択できる柔軟性があり，求める品質を求める価格で購入できる．商品の組み合わせも自由に設定でき，新たな商品価値を生む，新たな形態の小売業ともいわれる[3]．② 契約当事者双方が購入に際し，面前で契約することなく，消費者は購入するのに移動，すなわち，交通費が削減でき，通信費も安価である．全体の取引費用も安く商圏の制約もない．③ 店舗規模の制約がなく，品揃えの制約もない．ネット通販は，豊富な品揃えを特徴としている．楽天市場とアマゾン・ジャパンで販売される商品は，約2億アイテムといわれている[4]．④ ネットを使うことから，ネットワークが錯綜しており，一定の外部性も存在する[5]．以上から，店舗販売と比較して，他企業との差別化は困難で，顧客の囲い込みも難しい面もある．⑤ ネットワークの外部性の存在である．ネットワークの外部性の存在とは，その財やサービスの使用者数の増加が財やサービスから得られる効用を直接増加させる効果であり，情報の持つこの効果が，ネット販売利用者に及ぶ．従来から，この考え方は，電気通信分野において，指摘されてきた．

2．ネット販売業者の類型

　ネット販売業者には，楽天市場のように，ネットにモールを設け，多数のネットショップを誘致し，出店料や売上手数料を収入源とするモール型と自社仕入れを基本とする直販型とがある．モールは，自社仕入れによるリスクが小さく，取引費用が直販に比べて大きいものの，豊富なアイテムが揃う．直販型は自社仕入れのリスクの大きさに加え，在庫投資も膨大になる．後者は，大きな収益を期待できるが，豊富な品揃えのために自前の在庫投資を必要とする．最近は，品揃えの拡大と収入源の多様化を図るために，総合型に転じている．こ

れに対し，ヤフージャパンは，売上手数料を無料にし，広告料で稼ぐビジネス
モデルを展開している．以上の3社以外のネット通販業者を含め，全体で日
用・食料品の取り扱いの割合が多いが，3社以外のネット通販業者の中には，
専門的な品揃えを得意としている業者もみられる．また，従来の小売業者も，
カタログ・新聞の旧来メディアだけでなく，ネットを通じて広告し，店舗販売

図2　宅配便取扱個数の推移

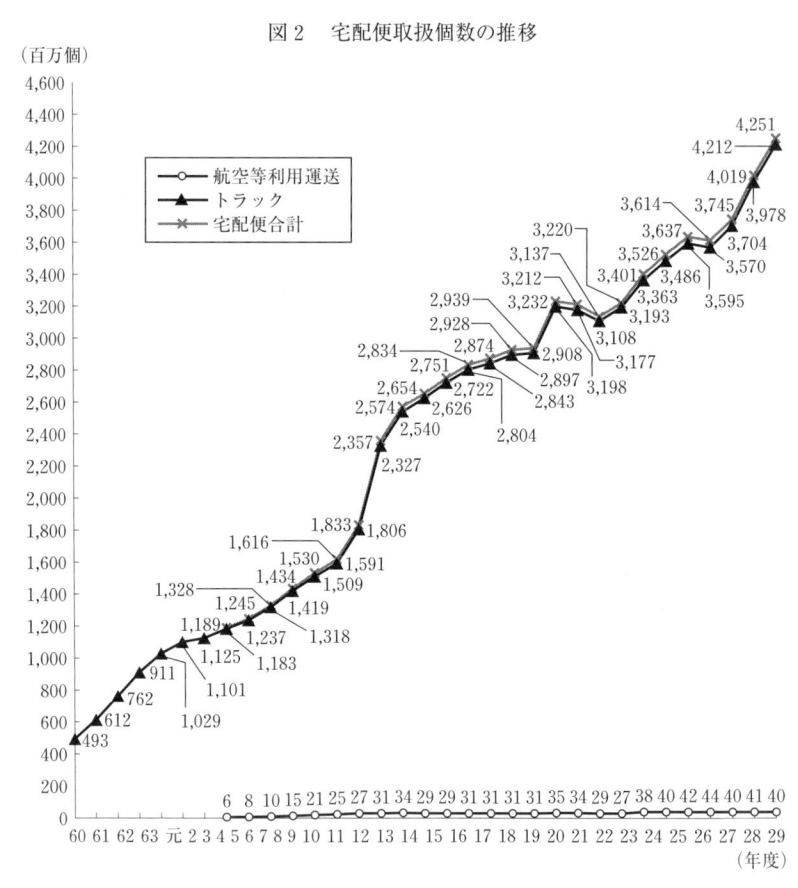

(注)　1．平成19年度からゆうパック（日本郵便）の実績が調査の対象となっている．
　　　 2．日本郵便については，航空等利用運送事業に係る宅配便も含めトラック運送と
　　　　 して集計している．
(出所)　国土交通省データによる．

に併せて，ネット販売を行っている．ネット通販では，注文のほとんどが1個単位であり，ピッキング，配送仕分けの自動化に要する投資は膨大になる．リアルストアがネット通販に取り組むには，通販専用のFCの整備や在庫スペースの整備が必要となる．ネット通販事業者は，アマゾン・ジャパンのように，店舗配送型との競争に優位に立つために，小規模分散型物流拠点を整備し，自社体制で配送のスピードアップを進めている．取扱商品は日用品が多い．

3．宅配便の特徴と展開

宅配便は，トラックを主体に，ドア・ツー・ドアで運ばれる小口貨物の輸送である．それが進展している要因は次のように示される．

第1は，ドア・ツー・ドアの小口貨物の配送を基本とし，速達，配送時間制である．第2に，市場ニーズ，荷主の要望を組みしやすい民間主導のサービス展開である．第3は，インターネットの普及と仮想店舗の拡大である．

宅配便は，およそ3段階の展開の過程を経ている[6]．宅配便は，1947年に，ヤマト運輸が開始したことに始まる．従来の鉄道小口貨物に比べて速達性を持ち，革新的であった．その後，その利便性によって利用が増加するようになると，日本通運を含め類似サービスを行う事業者の参入が相次ぎ，スキー・ゴルフ道具，冷凍品，貴重品等の取扱貨物が拡大していった．この頃は，消費者に主権が移りつつある時期でもあった．第2段階は，ヤマト運輸，日本通運とともに後の3大寡占の一角を占める佐川急便が1998年に参入し，規制緩和への対応，e-コレクトの展開に着手する．2000年以降は，インターネットに対応した第3段階といえる．佐川急便は，e-コレクトを開始し，ヤマトは，ネットオークション代金決済仲介を開始する．佐川急便は，2011年に通販事業者向け商品取引サービスを開始するなど，それ以降，本格的なインターネット媒体のネット販売対応サービスを展開している．その結果，宅配便の開始以来，宅配便の需要は一貫して伸び，ネット通販の需要も一層の促進を促している．第3段階では，初期段階のCtoCのみならず，CtoB，BtoBに関わる事業展開が行われている．しかし，宅配便は，大手事業者間では，BtoC関連が3～4

割を占めている.

4. 宅配の市場構造と収益構造

宅配便の市場構造の特徴として，まず，寡占化があげられる．一方，その存在は，ゆるぎないものでなく，潜在的競争者から脅かされている．

(1) 寡 占 化

宅配便のシステムは，取扱店，営業所，仕訳装置や冷凍庫などを装備した配送センター（トラックターミナル）などが構成要素である．ルートとしては，配送センター間でのハブ輸送，営業所・取扱店を経由しての集配送のスポーク輸送を伴う．一貫輸送体制では，幹線間，支線での輸送を担うトラック，輸送・仕訳を行う多くのトラックと要員を必要とする．幹線間では，多くの輸送で単位コストを削減する規模の経済が働き，全体ではネットワークの経済，支線で

図3　大手宅配業者のシェア

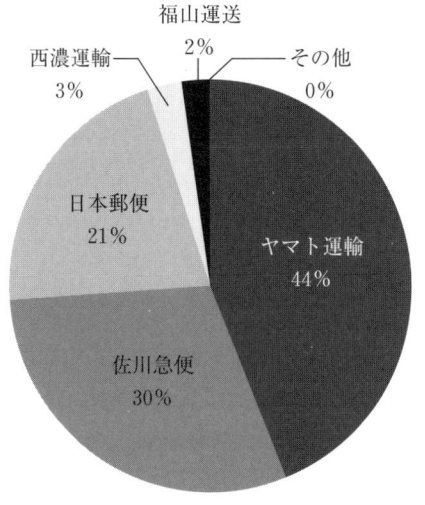

（出所）　国土交通省のデータによる．

は都市部において，ネットワークを一定に需要密度の増加によって，単位コストを低下させる密度の経済が働く．それゆえに，基本的に3社寡占になっており，資本集約，労務集約産業といえる．2017年に，ヤマト運輸の43.6％を筆頭に，佐川急便の30.0%，日本郵便の20.8%が次いでいる．日本郵便は，日本通運のペリカン便を引き継ぎ，民営化後に本格的に着手した．2015年に比較して，大手上位3社の全体のシェアは，ほとんど変わっていない．

(2)　疑似コンテスタブル

コンテスタブルとは，寡占・独占市場であれ，潜在的企業の参入圧力により，市場均衡と適正な経済厚生が実現することを意味する．日本では，ネット販売業者は既存の便利な宅配便を利用したが，契約条件の変更に伴い，自社で輸送するか，集配をパートナーとしての独立業者と提携し輸送体制を整えるケースも増えている．自社での一貫輸送は，代替の参入であり，後者は宅配の一貫輸送体制が崩れ，その一角に，新規参入を認める結果になっており，いずれ

図4　ヤマトホールディングスの売上高と営業利益

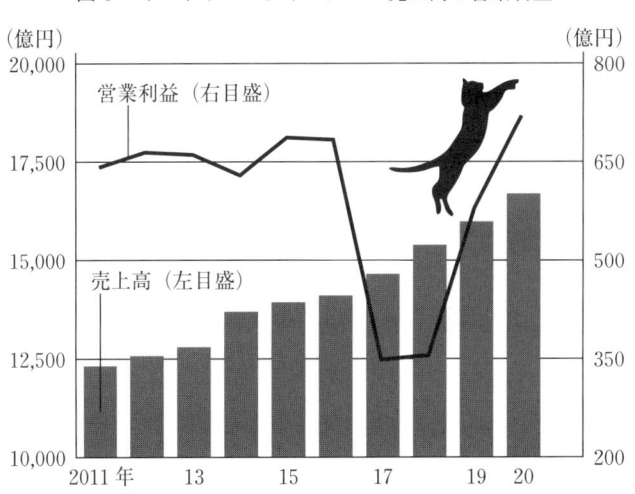

(注)　各年3月期．2019，2020年は計画値．
(出所)　週刊ダイヤモンド（2018），41ページ．

も，宅配便による一貫輸送の寡占体制を揺るがすものになっている．しかし，自由市場体制ではなく，従属的な契約による下請け体制の再編でもあり，純粋なコンテスタブルとはいい難い．

　収益構造をみると，2極化の様相を呈している．宅配業者の需要と売り上げは，スタート以来一貫して増加しており，2000年以降，ネット販売がこの増加を加速化している．だが，ネット販売業者と提携を持つヤマトの営業利益は2004年度以降低下し，一方，2013年に最大手のアマゾンとの提携を打ち切った佐川の売り上げは相対的に低いものの，好収益の経過を辿っている．ヤマトが営業利益の向上は輸送単価の引き上げを待たねばならない．

　これは，どこからくるのか．ヤマトは，輸送単価を据え置き，再配達にかかる費用負担，集配・配送の委託費，雇車費が増加している．

表1　宅配便の配達率（2014年）

	全体個数 （個）	1回目配完 （個） （配完率）	再配達1回目 （個） （配完率）	再配達2回目 （個） （配完率）	再配達3回目 以上（個） （配完率）
〇都市部,都市郊外,地方のいずれにおいても2回以上の再配達は約2割発生している． 〇3回以上の再配達も全体の1％発生している．					
都市部単身	1,777,732	1,394,407 （78.4％）	305,390 （17.2％）	56,128 （3.2％）	18,785 （1.1％）
都市郊外戸建て	2,035,861	1,661,388 （81.6％）	310,643 （15.3％）	45,431 （2.2％）	15,322 （0.8％）
地方	323,294	272,293 （84.2％）	34,496 （10.7％）	5,353 （1.7％）	2,025 （0.6％）
全地域合計	4,136,887	3,328,088 （80.4％）	650,529 （15.7％）	106,911 （2.6％）	36,132 （0.9％）

＊全宅配便取扱個数（平成25年度：36.4億個）の0.1%　　（平成26年12月　宅配事業者3社によるサンプル調査）

〇約2割発生している再配達の状況も地域によって異なっており，　これらを踏まえた有効な方策を検討することが必要ではないか．

（出所）　国土交通省（2015），5ページ．

収益の低下は，輸送単価の据え置きと，重複配送費の拡大，最終配送の外注委託費の負担である．再配達率は，内閣府調査では，3割という結果も出ている．再配達は，いずれの地域にあっても，2回以上の再配達は，全体の2割あり，3回以上の再配達は，全体の1％発生している[7]．宅配の再配達の削減の取り組みは，急ピッチである．

　全体としてみると，インターネット企業の従属的インフラとして機能したといえよう．一方，佐川は，輸送単価を上げ，ネット販売業者と提携を減少した分，コストを押さえることができている．近年，労働組合の圧力と労働不足の深刻さのために，ヤマトは取り扱いの総量規制と単価の引き上げ策に転じている．大手ヤマトの運賃の値上げは，ネット通販業者のデリバリープロバイダーと呼ばれる個人運送業者として進出する動きを生み出している[8]．

5．宅配便従業員の労務環境

トラック運送業界では，長時間労働が常態化している．年間労働時間は，全産業と比較して400時間も長い．競争の激化や下請け構造の多層化により，従属的地位にあり，無理な運行，倉庫の荷降ろし，過度な手待ち時間の負担のためである．改善策も取られているが，大幅な改善は期待できない．とくに，歩合制が中心の給与体系は，待機時間の賃金への反映はない実態が示される．積み降ろしと待機の規制や監督も希薄である．テレマティクスは，この面の作業は到着予想時間にリンクされていないことが多い．荷主都合による待機時間の平均は，1時間45分に及んでおり，2時間を超えて待機するケースは，3割近くを占めている．この待機時間の削減のために，輸配送に関するリアルデータを共有するために，cloud 利用によって，「見える化」の実現によって，生産性の向上を図る動きもみられる[9]．国土交通省は，2017年に，運送対価の運賃を付帯料金に分ける施策を講じた．

　賃金は，自ずと単位時間あたり低い．近年の人手不足が問題になっているが，経済学では，供給過少になれば賃金は上昇する．なぜ，上がらないのか，次の要因が考えられる．第1に，非正規雇用の増加である．これが，正規雇用

の賃金の上昇を抑えている．第2に，運転資格などの面による供給制約である．大型免許取得の雇用条件は，外国人，高齢者，女子の弾力的な雇用を阻んでいる．第3は，運賃が雇用条件の賃金に反映されない下請け構造である．第4に，ターミナル，物流拠点などへの資本投資が，賃金の下方硬直に繋がる考えである．下方硬直の考え方は，田邉氏によっても，指摘されている[10]．競争の激化は，運行コストの削減のための資本投資を余儀なくさせ，そのための資金の備えから，従業員への賃金配分を抑える見方である．古典派経済学の理論によるトラック運転者に常態化している労働力不足は，賃上げを招き，労働力需要は増えて，市場力市場は均衡が達成されて安定化するのであるが，下請け構造，中小零細の構造は支払い条件を阻み，若手を中心にトラック運転の需要を敬遠することから，賃金の低位が続く．2012年度に比較して，2016年度のトラック運転手の年収はわずかに増加しているが依然，産業基準から程遠い．いずれにせよ，宅配便を含め，全体の平均の長時間労働，低賃金が持続している．このなかにあって，最近になって，ヤマト，佐川の大手宅配業者は，賃金を一部アップし，労働時間短縮など労働環境の改善に取り組んでいる．とくに，労働時間が長い長距離輸送では深刻であり，高速道路利用や中継輸送利用を拡大している．

6．ネット販売業者の対応

　日本では，利便性の高い宅配便の存在から，ネット通販業者は，いわば，プラットホームとして宅配便を利用してきた．宅配業者の輸送単価の値上げに対抗して，ネット販売業者は，輸送部門を自社でまかなうか，配送を外部の運送業者に委託するか独立事業者とのパートナーとしてまかなう傾向が出ている．

　労働力不足の中にあって，図6のように，2012年以降，宅配便の単価上昇がみられる．大手ヤマトの運賃の値上げでは，ネット通販業者のデリバリープロバイダーと呼ばれる個人運送業者として進出する動きを生み出している[11]．そのための配送センターの再編成も進んでいる．

　アマゾンは，労働力の調達が厳しいことから，外部委託を行っており，外注

費の単価は高く，それが利益を圧迫している．

図5　売上高物流コスト比率

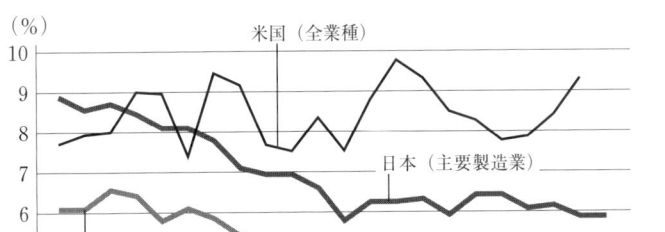

(注)　米国は報告年．
(原典)　日本ロジスティクスシステム協会．米国は Logistics Cos and Service (Establish, Inc.).
(出所)　週刊東洋経済（2017），45ページ．

図6　宅配便単価の推移

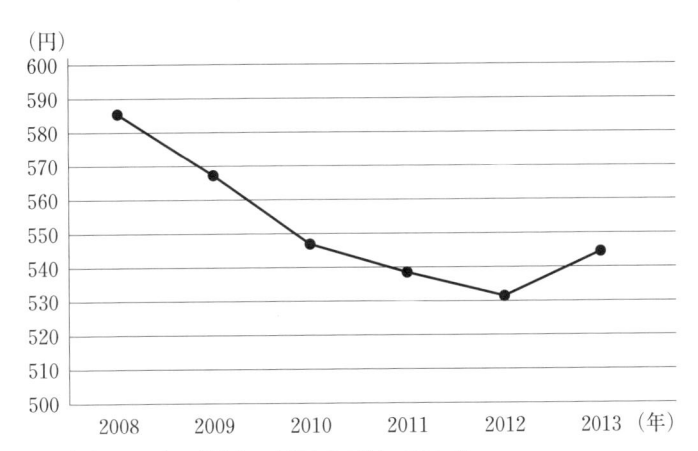

(注)　2015年3月時点，宅配大手2社ヒアリング．
(出所)　国土交通省（2015），4ページ．

7. 労働力不足と大手宅配業者の対応

労働力不足もあって，大手宅配業者は次の施策を行っている．

(1) 労働力不足と自動化

高齢化が進む中で労働力不足が恒常化している．宅配便貨物の個数は，量的にみて，10年前の2006年の29億個から2016年には38億個を超え，この間，32％増加している．これに対し，運輸・郵便業の就業者数は，328万人から339万人と3％増えただけである．とくに2010年以降は，就業者数が352万人から339万人と減少している．2013年から2017年の間，メール便が，約1割方増加しているのと，対照的である．トラック運転者の年齢構成をみると，50歳以上の割合が年々増加し，一方，29歳以下の割合は減少している．

常用労働者の年齢構成では，50歳以上の従業員の構成は，最近では全体の

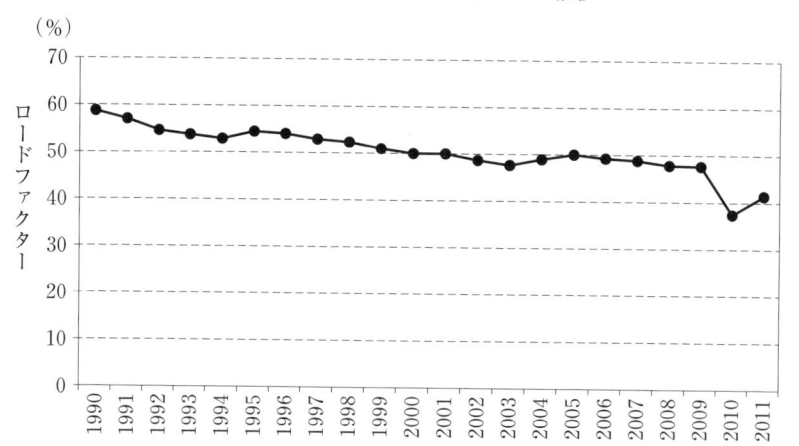

図7　トラックのロードファクターの推移

(注)　原データは国土交通省統計，本資料は，日本ロジスティクスシステム協会　2013年度「輸送効率改善による省エネルギー方策の研究会」において算定したものからの引用である（2014年3月）.

(出所)　SGシステム株式会社（2017）8ページ（日本ロジスティクスシステム協会の資料による）.

40％を占めており，政府の勧奨もあり65歳以上の再雇用者の比率も増えている[12]．女性比率も，2001年でみると12.8％であったのが，2015年には，38.6％になり，恒例化が進展し，29歳以下の構成が年々低くなっている．営業用のトラックのドライバーに占める女性比率は，2.5％と著しく低い[13]．（国土交通省 2015, 4ページ）．この要因は，長時間労働，労働条件の悪さ，低賃金などによるものと思われる．労働時間については，2014年に常用労働者1人平均実労働時間数では，産業全体で2,124時間であるのに対し，道路貨物運送業では，2,592時間と長い．中型小型の道路貨物運送業の労働時間は全産業より約2割方長い．労働時間に再配達が影響を与えていると考えられるため，改善策を講じているが，大幅な改善はみられない．所得額は，全産業が480万円なのに対し，道路貨物運送業の大型は422円と低い．中小型は375万円とさらに低い[14]．日本ロジステック協会資料によれば，1990年代以降，実車率は上昇傾向にあるが，輸送効率を示す指標であるロードファクターは，図7のように，低下傾向にある．荷主のニーズに合わせた迅速な対応の結果であるが，再考が求められる．国土交通省は，2016年から，「物流生産性革命」に取り組んでいるが，付加価値生産性であるだけに，労働集約性が高い業界ゆえに大幅な改善は困難である[15]．

　宅配の需要の増大傾向にあって，労働力不足は深刻で，将来的に自動運転，ドローンの導入が期待されるが，まだ，特区，過疎地などでの実験段階で，安全確保，事故補償など本格導入には解決すべき課題が多い．多くの人力を要する配送センターでは，仕訳，ピッキングの業務のための自動化が進められる一方，投資負担が課題になっており，自社でまかなうネット通販業者の共同運営も一部に進められている．自動車の自動化は，GPIやカメラ，センサーなどからの情報にもとづき，AIが判断しコンピューター制御により操作が行われるもの，ネットワークと連携し支援を受けながらクラウドベースで行うものの2形態がある[16]．宅配事業者は，近年，ネット販売の需要の拡大に対応し，当日配達の利便性を維持するために，大都市圏内におけるゲートウェイターミナルの整備によってターミナル間の幹線輸送を強化し，配送センターを自動化する

戦略を展開している．最近では，車両の運行計画を緻密に行う TNC（輸送管理システム）も一部に展開している．

(2) チームによる配送体制の再編

再配達の削減のためにドライバーとは別に，複数の配達要員を雇い，高齢者，女性などからなるその要員が自転車，台車にトラックから積み替えて配送する体制がとられるようになっている．チーム集配方式の導入は，環境面では，中型トラックの利用の削減，集配車の走行距離や停車回数の削減，環境に優しい輸送手段の利用によって，排出ガスの削減など，プラスの効果をもたらしている．

(3) 受け取り先の改革

再配達を削減するために，日本では，宅配ロッカー・ボックス，コンビニによる受け取りが増えている[17]．コンビニ受け取り，マンションでの宅配ロッカー・ボックスの利用は増えているが，持ち家には費用負担などの問題がある．個別の宅配ロッカーの設置は，費用負担面の問題などで欧米に比べて普及が遅れているが，ドア・ツー・ドアの利便性が高いので，整備は今後の課題である．

(4) 配達時間指定制の見直し

過剰のサービスとの認識から一部に廃止する対応もあるが，差別化の特徴である．配達時間指定制度を持続させ，再配達を削減するために，指定配達時間の幅を拡大する対応もみられる．

おわりに

以上でみたように，ネット通信販売の需要の増加とともに，宅配便の需要が増えている．ネット通信販売業者は，日本では，いわばプラットホーム的に，配送料の無料化のシステムのなかで，その利便性を利用してきた．ネット通信

販売に依存性が強い宅配便業者は，再配達と委託費の増加のなかで，収益性が低下してきた．荷主の協力の下にルール化し，市場の適正化のために配送料の無料は望ましくなく，配送費用にあわせて徴収することが望ましい．また，過剰サービスの見直しは，差別化のために一定程度必要であるが，労働者にしわ寄せがいく過剰サービスは回避すべきであろう．労働力不足の打開は，経済学のセオリー通りには進まない．トラック運転手の労働力不足は，賃上げによって安定的に解消するのが経済学の基本的考え方である．しかし，供給要因は，労働分配率がままならない下請け構造・中小零細性によって制約され，需要サイドでは，若者の車離れ，低賃金・長時間労働による悪循環による牽引力の低下などの要因がある．外国人雇用も運転資格の制約がある．労務集約性が強い業界にあって，この解消のためのイノベーションの促進は安全性を見定めつつ進める必要がある．

　モーダルシフトや共同化の促進の施策の促進も必要となろう．本格的に進んでいないが，コスト効率，環境負荷軽減のために，併せて，促進されるべきである[18]．一般荷主も，一括物流，サプライチェーンの取り組みから，物流センター設置の拡大の動きもあり，ビッグデータを活用し，IoT 時代に対応する対策が求められる．

1)　今後の技術革新とイノベーション，第 4 次産業革命については，クラウス・シェブ（2017），とくに 47-88 ページを参照．
2)　経済産業省（2018）．
3)　林・根本（2015），48 ページ．
4)　豊富な品揃えは，顧客を引きつける戦略の軸になっている『週刊東洋経済』2017年 3 月 4 日号，50-60 ページ．
5)　流通におけるネットワーク外部性の効果については，阿部・江上・吉村・大野（2016），50-51 ページ参照．
6)　林・根本（2015），36-64 ページ．
7)　とくに，都市部の単身が高いのが目立つ．国土交通省（2015）5 ページ．
8)　大手宅配の小会社も，個人運送事業者の組織化に取り組んでいる（『激流』2018年 4 月号，17 ページ）．

9) 『激流』2018 年 4 月号 10-12 ページ.

10) 賃金の下方硬直性については, 田邉 (2018) の 6 ページを参照.

11) 国土交通省 (2015) 4 ページ参照.

12) 宅配便取り扱い個数は, 2009 年から 2013 年の 5 年間に 10% を超えて増加しているにもかかわらず, この間, 宅配大手 3 社のドラバー数は, 2012 年の 204,920 人から, 2014 年の 212,530 人とこの 3 年間に増えているとはいえ, 需要の伸びに対応できない労働力不足であることが指摘される. 国土交通省 (2015) 3 ページ.

13) 国土交通省 (2015), 4 ページほか, データによる.

14) 国土交通省 (2015), 4 ページほか, データによる.

15) システム株式会社 (2017), 5-8 ページ, 日本ロジステックシステム・国土交通省のデータによる.

16) 完全自動化は, クラウドを不可欠としている. 松本 (2018) 7-10 ページ.

17) 特に, マンションにおいて, ロッカーの設置は年々増加している. 国土交通省 (2015) 6 ページ.

18) この 5 年で急速に進展したのが, モーダルシフトである. JR 貨物の利用は, 路線によっては, トラック運送の半額の強みがあるが, 日本の JR 貨物は路線をリースで旅客会社から借り受けているので, 自由なスケジュールは組めない. 積載効率を上げるために, 共同輸送も進んでいるが, 一部の食品物流などに限られている (『激流』2018 年 4 月号, 30-35 ページ).

参 考 文 献

阿部新也・江上哲・吉村純一・大野哲明『インターネットは流通と社会をどう代えたか』, 中央経済社, 2016 年 9 月

亀坂安紀子・田村輝之「労働時間と過労死不安」, 内閣府経済社会総合研究所, 2016 年 1 月

経済産業省「平成 28 年度 我が国におけるデータ駆動型社会に係る基盤整理 (電子商取引に関する市場調査)」, 2018 年 4 月

クラウス・シェブ『第 4 次産業革命』, 日本経済新聞出版社, 2017 年 4 月

国土交通省「宅配の再配達の削減に向けた検討の進め方について」, 国土交通省 物流政策課企画室, 2015 年

SG システム株式会社「平成 28 年度次世代物流システム構築事業報告書」, 2017 年 3 月

杉山博史「電子商取引の現状」, 郵政研究所月報, 2001 年 2 月

首藤若葉『物流危機は終わらない』, 岩波新書, 2018 年 12 月

総務省「平成 30 年度版 情報通信白書」, 総務省, 2018 年 7 月

出邉克己「トラック運転手の人手不足」,『高速道路と自動車』Vol. 61 No. 1, 2018 年
　1 月号

田村幸士「2010 年代における物流業界の課題と展望」, 航空政策研究会, 2018 年 6 月
　20 日

長野潤一「トラック運転手の長時間労働―現状と対策」,『物流問題研究』64, 2015
　年

林克彦・根本敏則『ネット通販時代の宅配便』, 成山堂, 2015 年 7 月

林克彦・根本俊則「ネット販売と宅配便における物流革新」,『IATSS Review』Vol. 41
　No. 1, 2016 年 6 月号

林克彦『宅配便革命』マイナビ, 2017 年 6 月

林克彦「物流生産性向上に向けた取り組みと展望」,『高速道路と自動車』Vol. 62 No.
　2, 2019 年 2 月

福田晴仁『鉄道貨物輸送モーダルシフト』白桃書房, 2019 年 3 月

松本修一「2020 年に向けた自動運転」,『高速道路と自動車』Vol. 61 No. 5, 2018 年 5
　月号

増田悦夫「宅配便サービスの現状と今後の課題」2006 年

増田悦夫「宅配便企業におけるクラウド化の現状と今後の展望」,『紀要』2013 年 3
　月

丸山正博「企業対消費者電子商取引における商流の課題」,『経営経理研究』第 74 号,
　2005 年 3 月

『激流』2018 年 4 月号

『週刊ダイヤモンド』2018 年 5 月 26 日号

『週刊東洋経済』2017 年 3 月 4 日号

第3章　物流危機の背景と生産性向上に向けての展開

矢　野　裕　児

はじめに——転換期を迎える物流

　最近，物流危機，宅配危機という言葉がよく使われる．宅配危機について
は，宅配便の取扱個数が急増するなか，ドライバーが不足し，運べないという
問題が発生し，2017年のヤマト運輸における取扱量の総量規制，サービス残
業問題，さらに宅配便の料金値上げなどによって，広く知られるところとなっ
た．宅配便だけでなく物流全体において，物流危機ともいわれる状態が続いて
いる．ドライバーがいない，トラックがないという問題は，2013年秋から深
刻化した．とくに，2014年4月の消費税値上げ前に，駆け込み需要により貨
物輸送量が急増し，物が運べないという事態が発生し，混乱した．従来のよう
に，荷主企業はいつでも輸送手段を確保でき，かつ相当無理な物流サービスを
要求しても，比較的安価な物流コストで，物流事業者が対応するという状態で
はなくなった．ドライバー不足は，短期的ではなく長期的な問題となってお
り，物流サービスをこれまでのように提供できない状況となっている．

　このような物流危機が発生した背景として，まずドライバー不足が多く指摘
されるところであるが，同時に現在の物流が非効率なところが多く，生産性が
低いということがある．そこで本章では，まず物流危機の背景であるドライバ
ー不足の現状と問題点，さらに物流が抱える低い生産性の現状と問題点につい
て検討する．そして，生産性向上に向けての，とくに企業連携での取り組みの
重要性について論じる．また，ネット通販を支える宅配便サービスにおける再

配達問題，さらに過疎地域等低密度地域での集配効率悪化の問題の現状と，その対応方向について論じる．

1．ドライバー不足の現状と問題点

(1) ドライバー不足の現状

現在，サービス業を中心として人手不足が大きな問題となっているが，物流業ではとくにドライバー不足，作業員不足の問題が顕在化している．国土交通省は，2015 年にトラックドライバーが大幅に不足するということを 2008 年の報告書で指摘していた[1]．2015 年危機といわれるものであり，2015 年度の必要ドライバー数が 88.3 万人なのに対して，ドライバー供給数は 74.2 万人で，14.1 万人のドライバー不足が発生するというものであった．発表当時，物流業界ではリーマン・ショックの影響があり，貨物輸送量が大きく減少していたことから，人手過剰の状態であった．そのため当時は，喫緊の問題と認識されなかった．しかしながらその後，2013 年秋頃から人手不足の問題が顕在化した．ドライバーの雇用状況（労働力の過不足）は図 1 のようになっている[2]．マイナ

図 1　トラック運送業界の景況感と雇用状況の推移

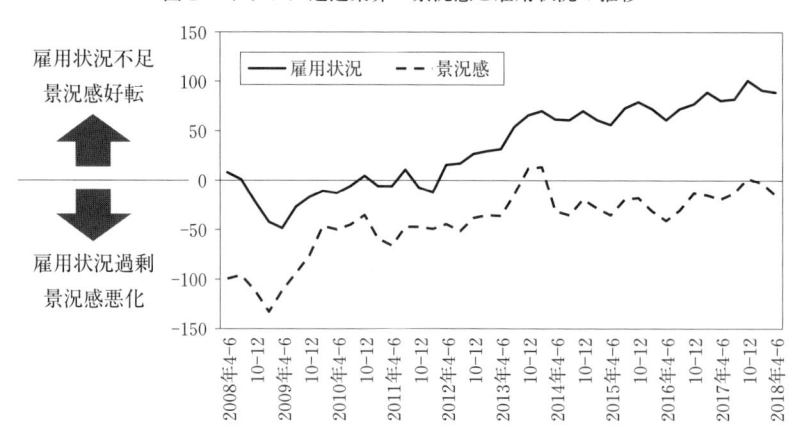

（出所）　全日本トラック協会「トラック運送業界の景況感」より作成．

スは雇用状況が過剰であり，プラスは不足をあらわす．2008 年後半，2009 年は過剰の状態であったが，その後，解消され，2010 年，2011 年は過不足感がほぼない状態で推移し，2013 年後半以降は急激に不足感が高まった．一般的には雇用状況は景況感に連動するが，現状は景況感は必ずしも良くないのにもかかわらず，人手不足感が強まっている．また，有効求人倍率も，2018 年の全職業（パート含む）が 1.49 なのに対して，トラックドライバー（パート含む）は 2.79 となっており，ドライバーを募集しても集まらない状況が続いている[3]．

(2)　ドライバー不足の背景

　現在発生しているドライバー不足問題の背景として，生産年齢人口の減少により，労働力確保が難しくなっていること，さらに，物流業界の長い労働時間，きつい作業内容，さらに安い賃金といった問題により，若い人がドライバーになりたがらないということがある．ドライバーの高齢化は急速に進展しており，道路貨物運送業では就業者の約 4 割が 50 歳以上であり，20 代のドライバーがほとんどいないという状態となっている．全産業の就業者では 20 代以下が 16.3％なのに対して，道路貨物運送業は 9.1％にとどまっている[4]．このことからも，ドライバー不足は，長期的な問題となることが予想される．

　また，年間所得額をみると，2016 年では全産業は 490 万円なのに対して，大型トラックドライバーは 447 万円，中小型トラックドライバーは 399 万円となっている．2014 年から 2016 年にかけて全産業は 10 万円上昇しているのに対して，大型は 23 万円，中小型は 20 万円上昇しており，上昇率は高いものの，依然として，安い賃金となっている[5]．

　一方，ドライバーの労働環境についても大きな問題がある．2016 年の年間労働時間は，全産業で 2,124 時間なのに対して，大型トラックドライバーは 2,604 時間，中小型トラックドライバーは 2,484 時間となっており，長時間労働が常態化している[6]．また，一般の労働時間については，労働基準法では 1 日 8 時間，1 週間 40 時間と定められており，36 協定を結んだ場合，協定で定

めた原則，月 45 時間，年 360 時間までの時間外労働を可能としている．一方で，自動車の運転業務の労働時間は，この協定で定めた原則の適用を除外しており，別途，「自動車運転者の労働時間等の改善のための基準（改善基準告示）」により規定している．ドライバーの 1 日の拘束時間は 13 時間以内を基本とし，休息期間は継続 8 時間以上，1 日の運転時間は平均で 9 時間が限度運転時間と定められている．これらの規定を遵守することは，当たり前のことであるはずだが，現実には違反をしている場合も多く，厳格には適用されてこなかった．表 1 のように，全体では拘束時間において，16 時間を超えているのが 13.0%，15 時間超 16 時間以内が 6.0%，13 時間超 15 時間以内が 17.6% と，13 時間を 36.6% が超えている実態がある．同様に大型トラックの拘束時間は，それぞれ 16.6%，6.8%，17.5% と，13 時間を 40.9% が超えている．拘束時間には，荷待ち時間（荷物の積み卸しのために待機している時間等）も含まれ，荷物を届けに行っても，荷物を卸すまでに長時間待たされるといったことが常態化している．現在，コンプライアンスの徹底，交通安全への対応，労働環境改善の観点から，労働時間の短縮が進んでおり，また年間所得額も上昇する傾向はみられるものの，まだ他産業の水準には達しておらず，労働力確保が難しい状況が続いている．

表 1　ドライバーの拘束時間の実態

（単位：%）

	全体	普通トラック	中型トラック	大型トラック	トレーラー
13 時間以内	63.4	79.9	69.2	59.2	62.3
13 時間超 15 時間以内	17.6	14.5	18.1	17.5	20.0
15 時間超 16 時間以内	6.0	2.4	5.2	6.8	6.5
16 時間超	13.0	3.1	7.5	16.6	11.3
全　体	100.0	100.0	100.0	100.0	100.0

（出所）国土交通省「トラック輸送状況の実態調査結果」より作成．

　また，最近の働き方改革の動向は，ドライバー不足問題をますます深刻なものにしている．これまでは，ドライバーの長時間労働が，一部黙認されることによって，物流業務が支えられてきた実態がある．最近，特に大手物流企業を中心として，労働環境見直しの動きが進むなかで，ドライバー数が，従来より必要となっている状況がある．このように労働環境が見直されるなか，従来のようなかたちでサービスを提供することが困難となってきている．とくに，輸送距離 500km 以上のトラック輸送については，現実には改善基準告示を遵守することは困難であり，鉄道，船舶，フェリーへのモーダルシフトが欠かせないといえる．

(3)　運賃の動向

　ドライバー不足問題は，運賃にも影響する．トラック運送業界は，費用における人件費比率が高いため，人件費の上昇は運賃上昇に直結する．運賃の推移をみると，図 2 のように毎年 12 月，3 月は，他の月より上昇する傾向は変わらないが，2012 年度以前と 2013 年度以降，さらに 2017 年度後半以降の運賃水準は大きく変化している．2010 年 4 月を 100 とすると，消費税率引き上げ

図 2　成約運賃指数の推移（2010 年 4 月を 100 とする）

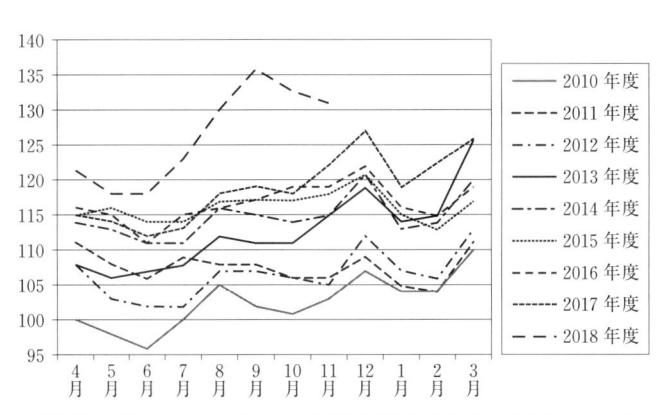

（出所）　全日本トラック協会, 日本貨物運送協同組合連合会資料より作成.

によって，2014年3月には126にまで上昇した．その後2016年度まではそこまで上昇することはなく，年間を通じて115から120前後で推移していた．しかしながら，2017年度後半から2018年度前半にかけて，また大きく上昇しており，2018年9月には136にまで上昇している[7]．また，「企業向けサービス価格指数」によれば，2010年を100として2018年は宅配便が125前後となっているのに対して，積合せ貨物輸送，貸切貨物輸送は110前後で推移しており，宅配便でとくに運賃が上昇している状況にある[8]．

2．生産性からみた物流の現状と問題点

(1) 生産性向上を妨げる物流条件

　物流の生産性が低いことを考えるときに，単純に物流業の生産性が低いことが問題であり，そこを改善すればよいということで済まないところに大きな問題がある．物流業は中小企業も多く，生産性向上に向けた取り組みが遅れているという側面があることは事実である．しかしながら，それ以上に大きな問題は，商慣行なども含めた現状の物流条件が，生産性を無視したものとなっていることである．メーカーにおいては生産現場，小売業においては店舗での生産性向上の取り組みは大きく進展している．それに対して，企業間のつなぎともいえる物流現場では，短いリードタイム，多頻度小口，厳しい時間指定といった物流条件を要求され，さらに納品時の積み卸し，検品，さらに様々な付帯作業が要求されることも多く，効率が悪く，生産性が低いのが実態である．また，物流現場での情報の電子化，情報共有が遅れているという問題もある．すなわち，日本のサプライチェーンについては，工場，店舗などの部分最適は進展してきたものの，それらをつなぐ物流の部分の効率が悪く，全体最適とはなっていないといえる．短いリードタイム，多頻度小口，ジャストインタイムなどによって支えられている日本のサプライチェーンの非効率な部分のしわ寄せが，物流に集中しているという実態がある．このように，物流現場の生産性が極めて低いことが，物流危機が発生する大きな要因となっている．

　リードタイム，納品ロット，納品頻度等を決定しているのは顧客であり，取

引先である着荷主企業である場合が多い．着荷主企業は，できるだけ実際の需要に合わせて，発注時期を遅らせ，かつ在庫を持たないように行動するのが一般的であり，短いリードタイム，多頻度小口，厳しい時間指定といった物流サービスを要求し，これが物流の効率化を妨げている場合が多い．このような状況のなか，発荷主企業の物流部門，物流事業者が，顧客である着荷主企業，発荷主企業内においても，相対的に力が強い生産部門，販売・営業部門に対して，主導的に物流条件の変更を要請することは難しいのが現実である．このように，生産性向上を図っていこうとする際，発荷主企業の物流部門，物流事業者だけで解決できない場合が多い．

1）　多頻度小口の問題点

荷受け側の着荷主企業からみると，できるだけ在庫を圧縮する一方，販売機会をロスしないように欠品率が低い状態を望むことから，最終需要に合わせて，多頻度で小さい単位で納入することを要請する．過度な多頻度小口，非計画的な多頻度小口の要求は，配送効率を悪化させることとなる．しかしながら，頻度の見直し，最低注文単位の設定，引き上げは，荷受け側の在庫を増やすことに繋がることも多く，着荷主企業の理解，連携，協力が欠かせない．最近は，配送量が少ない地方部では，配送頻度を毎日配送から隔日配送へ切り替え，配送回数を削減している事例もある．また，菓子メーカーのカルビーと卸売業の間で，従来は在庫状況から自動発注をしていたが，注文単位をパレット単位，あるいはパレット単位にならない場合でも積載率が悪くならない面単位に，発注単位を見直すことによって，作業効率を高めている[9]．

2）　短いリードタイムの問題点

一般の消費財では，注文を受けた翌日の午前に，取引先に納品する場合が多い．注文を受けてから納品するまでのリードタイムが短いために，計画的な配送ができず，積載効率を悪くしている．納入側が事前に需要情報を提供していれば，平準化しやすくなり，効率化にも結び付くこととなる．大手加工食品メーカーでは，翌日納品から翌々日納品への変更を検討する事例もある．また，トラックから船舶，鉄道へのモーダルシフトを実施する際，トラックより輸送

時間を要するため，短いリードタイムの要請は，モーダルシフトの推進を妨げることとなる．たとえば，宮崎県から東京へ農産物を輸送する場合，従来は収穫してから3日目の朝に卸売市場に到着することが，荷受け側から求められていた．農産物の予冷を徹底することによって，4日目の朝に卸売市場に到着することとし，フェリー利用を拡大している事例がある[10]．

(2) 荷待ち時間発生の問題点

最近，荷主企業の都合により，積み卸し，指示待ちなどのために待機する荷待ち時間[11]の問題が大きくクローズアップされている．図3のように，荷待ち時間（荷待ち時間が発生した運行を対象）については，1運行あたり3時間超が15.1%，2〜3時間が13.6%，1〜2時間が26.4%となっている[12]．一般的な消費財においては，午前中納品が求められることが多く，ドライバーは，早く作業を終えて次の現場に行きたいということから，納品時刻が早朝に集中する場合が多い．このように，同一時間帯にトラックが集中することによって，荷受け側のバースが足りない，作業が間に合わないことなどにより，無駄な荷待ち時間が発生している場合が多い．このような荷待ち時間の問題は，物流の生産性向上を妨げると同時に，ドライバーの労働時間の長時間化に影響する．

図3　荷待ち時間の実態

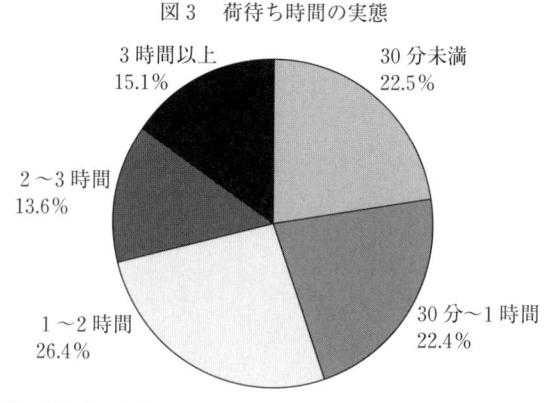

（出所）　国土交通省「トラック輸送状況の実態調査結果」2017年より作成.

　荷待ち時間は，様々な要因が絡まって発生する．荷受けのバース数自体が少なく，処理ができないという場合も多くあり，とくに都市部において，物流施設自体が狭く，受け入れ体制ができていない場合もある．しかしながら，バースが整備されていても，早朝に集中し，処理しきれない場合が多い．車両の受け入れが計画的にされていないために，荷待ち時間が発生することも多い．最近は，納品車両ごとに，荷受け時間帯を細かく設定し，計画的に受け入れている場合もある．さらに，スマホなどを用いた納品車両の予約システムを導入し，混乱しないようにしている企業もある．

　納品に要する時間が長いということも大きな問題となる．その際，最も大きい原因は，手積み手卸しの問題である．パレットを利用し，フォークリフトで積み卸しをした場合，15 分程度で済むのに対して，手積み手卸しをした場合，10 トントラックでは積み卸しのそれぞれの作業に 2 時間程度かかり，配送効率を悪化させる要因となる．しかしながら，受け入れ側の物流施設が，パレットに対応できない場合もある．また，荷主企業が，パレットを利用しない理由として，積載量を多くしたいから（パレット輸送を行うと積載効率が下がるため）ほか，パレット等を流出させたくない，パレットはあくまで保管用であり，輸送用には使用しないなどがあげられている[13]．メーカーから卸売業，小売業への納品については，納品するロットが比較的大きいため，パレット利用の割合が高くなってきているが，それ以外の場合は，パレット利用は少なくなっている[14]．また，パレットのサイズが複数種類あるため，積載効率が悪くなるという問題もある[15]．さらに，荷受け側に，事前に出荷情報が伝達されておらず，検品などに要する時間が長いという問題がある．とくに，食品等については，賞味期限等の情報を，検品時に手入力している場合が多く，時間がかかっている．

　ドライバーは運送業務だけでなく，荷役作業，さらに検品，保管場所までの横持ち運搬，商品仕分け，資材，廃材等の回収，納品場所の整理，棚入れ，ラベル貼りなどの付帯作業をしている場合が多く，かつこれらの作業の料金収受ができていない場合が多い[16]．運送業務と荷待ち，荷役作業などを分け，効

図4　標準貨物自動車運送事業約款の改正

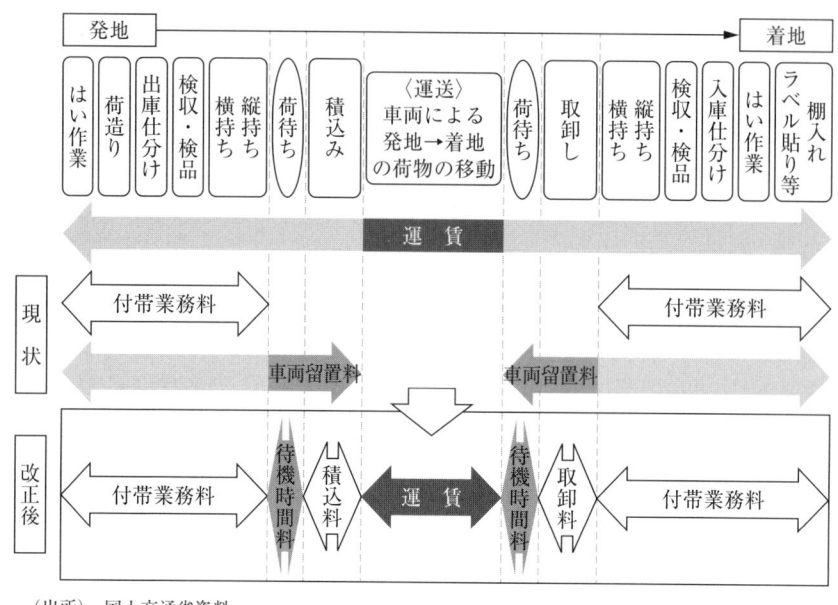

（出所）　国土交通省資料.

率化するためには，運送約款の見直しも欠かせない．従来は，運送状に作業内容の詳細な記載がないほか，貨物の積み卸しの費用についての記載がないなどの問題があり，国土交通省は，図4のような見直しを図った．荷送人が運送依頼をする際に作成する運送状の記載事項について，荷待ちに対する対価を待機時間料とする，積み卸しに対する対価を積込料，取卸料等とする具体例を規定した．さらに付帯業務の内容に，横持ち，縦持ち，棚入れ，ラベル貼り，はい作業（倉庫等において袋や箱を一定の方法で規則正しく積み上げたり，積み上げられた荷をくずしたりする作業）を追加するなどの見直しをした．

　荷主企業と物流事業者が連携して，ドライバーは運送業務だけを担当し，荷役については，荷主企業の物流拠点側で担当するような作業体制に切り替えている事例もある．ホームロジスティクスでは，スワップボディコンテナを導入し，1台のヘッドに対してコンテナ3台をセットにして運用している．商品を

積載する荷台を脱着することが可能で，車体と荷台を分離することにより，運送業務と積み卸しを同時並行で行うことができる．埼玉県白岡市と神奈川県川崎市の拠点間輸送について，従来は 13 時間で 1 往復であったのが，8 時間で 1.5 往復が可能になったとしている．

　ドライバー不足問題，労働環境の改善，さらに生産性向上に対応していくためには，輸配送の効率化だけでなく，荷待ち，荷役作業なども含めた，物流業務全体の効率化が欠かせないといえる．

３．生産性向上に向けての企業連携の取り組み

(1) 企業連携による取り組みの重要性

　一般的に，物流業務は，様々な主体が複雑に関与している．発荷主企業は，取引先である着荷主企業からの注文により，決められた納品時間に合わせて，商品等を納入する．その際，実際の物流業務は物流事業者に委託している．物流業界も，複雑な下請構造となっている場合が多く，元請け企業が実際の輸送，荷役作業を実施しておらず，協力会社に委託している場合が多い．そのため，発荷主企業，元請けの物流事業者は，荷受け側での物流業務の実態，問題点を把握していない場合が多い．

　現在，ドライバー不足が深刻化し，従来のやり方では立ち行かなくなっており，物流業務を見直し，再構築せざるをえない状況になっている．従来から，個別企業での物流の効率化，生産性向上の取り組みは様々なかたちでなされてきた．しかしながら，個別企業での取り組みでは限界があり，発荷主企業，着荷主企業，物流事業者の連携による取り組みが重要となっているのである．とくに，着荷主企業と連携した発注単位，リードタイムの見直しなどは，輸配送効率の改善に大きく寄与する．さらに，着荷主企業と連携した事前出荷情報の共有化，納品車両の予約システムなどによる計画的な荷受け，時間指定の見直し，荷役方法の変更，伝票の統一，賞味期限情報の確認の仕方の変更，さらに検品レスなどによって，荷受け作業の大幅な効率化が図れるのである．このように，発荷主企業，着荷主企業，物流事業者の連携による取り組みは，今後の

物流システム再編の重要な視点といえる.

　最近，企業連携による取り組みが増えているが，その背景として，大きく3つがあげられる.

① 　従来の取り組みは，物流コスト削減という側面が強かった．しかしながら，最近のドライバー不足の深刻化により，繁忙期に輸送手段が確保できないという問題に直面し，物流サービスをどのようにして維持するかという荷主企業としても喫緊の課題として取り組まざるをえなくなった.

② 　各企業は，これまで物流効率化について，様々な対応を図ってきた．しかしながら，個別企業での取り組みは行ってきたものの，限界が来ているのが実態である．そのため，企業が連携して取り組むことの重要性を，企業が認識し始めた.

③ 　荷主企業間においては，競争は商品で，物流は共同でという意識が強まっている.

(2)　企業連携による取り組み事例

　生産性向上に向けて，次のような発荷主企業，着荷主企業，物流事業者の連携による取り組み事例がある.

1)　複数メーカー連携による物流共同化の事例

　味の素，カゴメ，日清オイリオ，日清フーズ，ハウス食品，Mizkan の加工食品メーカー大手6社は，食品業界およびサプライチェーン全体での，効率的で安定的な物流体制の実現を目的として，食品企業物流プラットフォーム（F-LINE, Food Logistics Intelligent Network）を構築している．F-LINE では，6社共同配送の構築，中距離幹線輸送における共同化，モーダルシフトの再構築，物流システムの標準化の3点について，継続的に検討を進めている.

　図5のように，2016年から共同配送（常温製品）を北海道地区で開始した．配送拠点と配送車両の共同利用で輸送効率を改善し，約15%の CO_2 排出量が削減できたとしている．この共同配送では，6社合計で4ヵ所あった配送拠点を2ヵ所に集約，共同保管し，各々の配送拠点から共同配送を行うことで1台

図5　北海道地区での共同配送

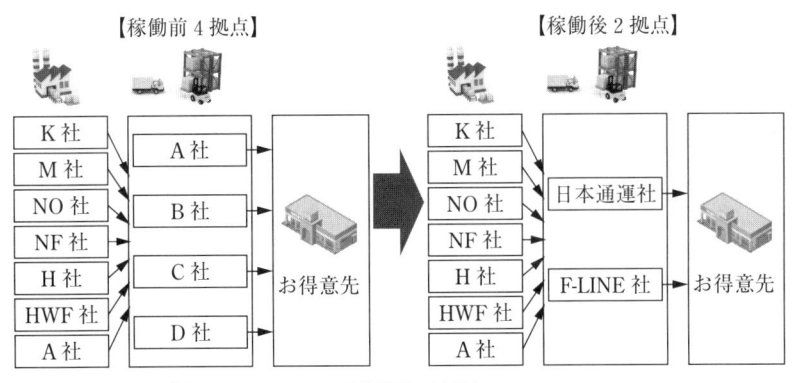

（出所）　堀尾仁「食品メーカーによる物流関連の連携」.

あたりの積載効率を高めている．また共同配送に併せて各社の情報システムを連結，物流情報を一元化し，納品書も統一化した．同時に，地域の共同配送拠点までの中長距離輸送についても，複数企業間で混載によるフェリー輸送も進めている．2019年からは九州地区でも同様の取り組みを展開している．

2) 同一業種複数メーカー連携による鉄道利用事例

　日本のビール系飲料の出荷数量は，年々減少しており，大手ビールメーカーは物流コスト削減が課題となっている．ビールメーカー3社は，物流効率化，コスト削減に向けて，継続的に卸売業，小売業向けの地域内での共同配送を検討し，実施してきた経緯がある．東京都内でも，すでに，物流センターを3社が相互に活用し，小売店に共同で配送する取り組みを実施している．さらに，地域間をまたがる幹線物流についても，共同で展開している．

　キリンビールとアサヒビールは，2017年から鉄道を利用したビールの共同輸送を始めた．JR貨物，日本通運と提携し，関西圏の両社の工場から同じ貨物列車に積み込み，北陸の物流拠点まで共同で運ぶものである．アサヒビールは大阪の工場，キリンビールは神戸の工場で製造した商品をトラックで貨物駅に運ぶ．両社の製品を同じ貨物列車に混載して北陸地方の駅に輸送する．日本通運の物流センターを経由して両社がそれぞれ取引先の卸売業，小売業の物流

センターなどに届ける．両社は北陸地方に工場を持っておらず，従来は，名古屋の工場からトラックで商品を運んでいたが，トラックの走行距離（200～300km）が長く，ドライバー不足で輸送費が高騰していた．名古屋から北陸への鉄道輸送を検討したものの，同区間の鉄道コンテナ輸送がいっぱいであり，貨車を確保できなかった．大阪から北陸への空のコンテナを利用することによって，年間300日，1日最大12フィート，5トンコンテナ80個を輸送する．これによって，生産工場も変更し，複数企業連携によるサプライチェーン全体の変更も含めたモーダルシフトとなっている．

3) メーカーと卸売業の連携による配送効率化事例

三菱食品では，メーカーと卸売業の製配連携により，配送の効率化を図っている．メーカーから卸売業への納品について，配送車両，荷待ち時間，荷卸し，検品などの作業時間についての情報が物流事業者と発着荷主企業間で共有されていないという実態があった．入荷受付から退出時間の状況を可視化，共有化することによって効率的な配車，荷受け計画を実施している．発注タイミング，発注量，接車バースの運用調整をし，荷卸し，荷待ち時間などの短縮を図っている．

また，メーカーとの間で，納品頻度の削減，商品ロットの拡大のために定曜日発注を実施している．さらに企業単位だけでなく，複数メーカーの共同物流単位で，納品曜日を組み直し，物量平準化を実現している．納品車両の積載量を考慮して，メーカーへの発注量を決定し，車両の最大積載量を超えて発注した場合，納品車両数が増加してしまうため，最大積載量を超えることが予想される場合は，前倒しで発注するなど，発注量をコントロールしている．

4) メーカーと卸売業の連携による取引条件見直し事例

キユーピー，加藤産業，キユーソー流通システムは連携して，食品メーカーが卸売業に商品を納入する際の，出荷情報の事前提供とリードタイムの工夫による検品レス納品の実現を通じた，商慣行の改善を図る取り組みを実施している．事前出荷情報の通知をすることによって，検品レスを実現している．また，どの車両がどの商品を納入するかなどの情報が共有化され，スムーズに納

品ができる．検品レスによって，従来1パレットごとに約2分かかっていたのが，その8分の1程度に減り，納品時間も30分から1時間くらい短くなっている．待機時間も1時間程度であったのが，ほとんどなくなった．

　発注作業は前日に行い，翌日納品が一般的であるが，前々日発注に変更している．これによって，車両の手配も，前々日から可能となり，計画的にできるようになり，配送ルートも組みやすく，人のやりくりも容易になっている．

5)　メーカー，物流事業者の連携による輸配送の平準化事例

　日本製紙と乾汽船は，納品時刻の平準化を荷受け側の卸売業，印刷会社などに要請している．従来，配送の8割が午前中の時間指定になっていたが，時間指定の解除，前倒し納品などを要請し平準化した結果，配送効率が向上し，車両が22.2%削減，配送回転数が9.8%向上し，CO_2排出量は5.7%削減したとしている．

4．ネット通販の進展と宅配便の現状と問題点

(1)　ネット通販の進展と宅配便

　個人向けの物流サービスは，1970年代はじめまでは，郵便小包，鉄道小荷物（チッキ）があった．しかしながら，荷物を郵便局または駅に持っていかなければならない，重さが限定されるなど，利用者にとっては利便性が良くなく，利用しにくいものであった．個人が物流事業者に頼む場合もあったが，運賃がわかりにくく，頼みにくいという問題もあった．さらに百貨店などによる宅配は，各百貨店が独自に配送システムを構築していた．そのような状況のなか，1976年にヤマト運輸による宅急便サービスが誕生した．当初は，東京，関東の主要都市のみを対象としていたが，徐々に対象地域を拡大し，1997年には全国サービスを展開している．誕生から約40年が経過し，戸口までの集配，短い到着日数，わかりやすい料金設定，30kg以内まで対応といった利便性から，利用者に広く受け入れられ，生活に欠かせないサービスとなっている．

　宅配便の取扱個数は図6のように，2017年度の年間総取扱個数は，42.5億

図6　宅配便取扱個数の推移

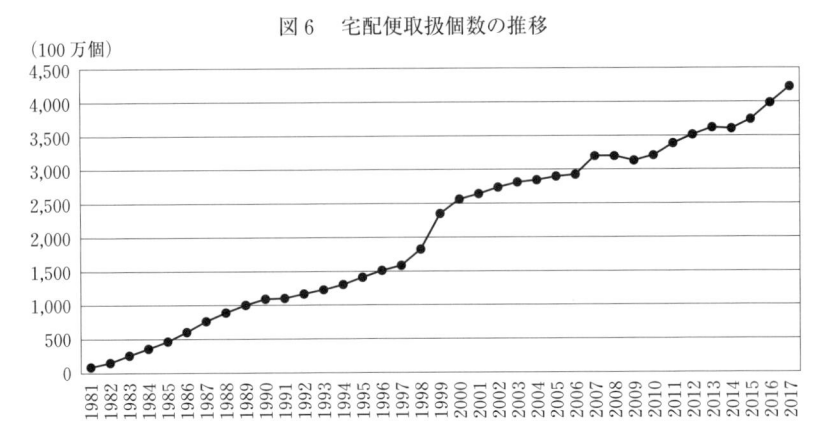

（100万個）

（出所）　国土交通省資料より作成.

個に達している[17].　宅配便という言葉から，家庭向けの利用が多いと思いがちであるが，当初はインターネットがなかったことから，企業間の書類送付で使われることが多かった.　その後，インターネットが普及し，電子メールの利用が多くなった.　一方で，企業間の取引において，小さいロットの荷物の動きが多くなったこと，短いリードタイムでの納品が多くなったことから，宅配便を利用する比率が高まった.　また，家庭向けでも，その利便性から利用の仕方は多様となっている一方で，宅配便のサービス内容も高度化し，全国どこでも，翌日，翌々日には届くことが基本となっている.　1987年にはクール便，1998年には時間帯指定サービスを開始している.　これまでも何回か，宅配便市場は飽和しつつあるといわれた.　しかしながら，利用しやすいサービスの提供が，新たな需要を生み，宅配便市場は拡大し続けてきた.

　そして近年，宅配便市場を大きく拡大したのは，ネット通販の伸長によるところが大きい.　日本の通信販売市場は2017年度で約7兆5,500億円，最近5年間で39.6％増加しており，商品の購買形態として当たり前のものとなりつつある[18].　BtoCにおけるEC化率は6.2％となっている.　諸外国に比べれば日本のEC化率は，現状では必ずしも高いわけではなく，中国では22.7％，イギリスでは19.3％，さらにアメリカでは9.0％とされている[19].　このような状況を

図 7 宅急便の運賃単価の推移

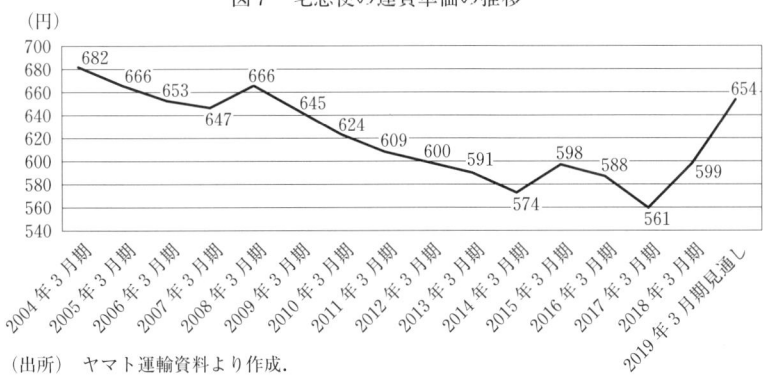

（出所） ヤマト運輸資料より作成.

みると，ネット通販市場の拡大傾向が今後も続くと予想される．

　物流業界全体において，人手不足が大きな課題となっているが，宅配便サービスにおいても，市場が拡大するなか，同様の問題に直面している．増える荷物を運びきれないという問題が発生し，宅配事業者が取扱量の総量抑制を打ち出すにいたっている．また，個人向け宅配便の基本運賃を値上げしたほか，大口顧客に対しても，運賃の値上げ要請をしている．宅急便運賃の 1 個あたり単価は，図 7 のように，大口顧客割合の上昇により 2016 年度まで下がり続けて561 円であった．2017 年度の第 3 四半期は 637 円，第 4 四半期は 650 円と上昇し，さらに 2018 年度の第 1 四半期が 656 円，第 2 四半期が 660 円と上昇が続いており，2018 年度予想は 664 円となっている[20]．

　また，少子高齢化が進むなか，地方部では過疎化が進み，近隣にあった小売店舗が閉店し，買い物が不便になるという問題が発生している．地方部だけでなく，都市部のニュータウンでも同様の問題が発生しており，買い物弱者は全国で約 700 万人ともいわれている．このような買い物弱者にとって，宅配便サービスは，生活を支える最後の砦となっている．

　現在，ネット通販の拡大による宅配便の問題がクローズアップされているが，同時に高齢社会において，買い物弱者対応など宅配便は重要な生活インフラである．宅配便は私達にとって，身近で，生活に欠かせないサービスとなっ

ているのである．

⑵　宅配便が抱える課題

　宅配便サービスは，現在，家庭向けの宅配便において，受取人不在による再配達問題と過疎地域等低密度地域での集配効率の悪化という課題を抱えている．まず再配達問題であるが，大手宅配事業者3社において実施したサンプル調査によると，家庭向け宅配便における再配達率は，図8のように19.6％となっている．再配達のうち1回目で15.7％が配達完了，2回目で2.6％が配達完了，3回目以上で配達完了が0.9％となっている．地域別にみると，再配達率は都市部単身者が多い地域で21.6％，都市郊外部の一戸建の地域で18.4％，地方部で13.3％となっている．都市部で再配達率が高いように感じるが，地方部でも再配達は多く発生している[21),22),23)]．

　2015年の夏以降，国土交通省は宅配便の再配達の検討会を開催したが，多くのマスコミがこの問題を取り上げ，それ以降，国民全体に物流が抱える問題を認識してもらう大きなきっかけとなった．宅配便の取扱量は，物流全体の輸送量からみれば小さいものの，消費者にとって最も身近な物流であり，再配達による無駄も認識しやすいものであった．再配達に伴う社会経済的損失は，年

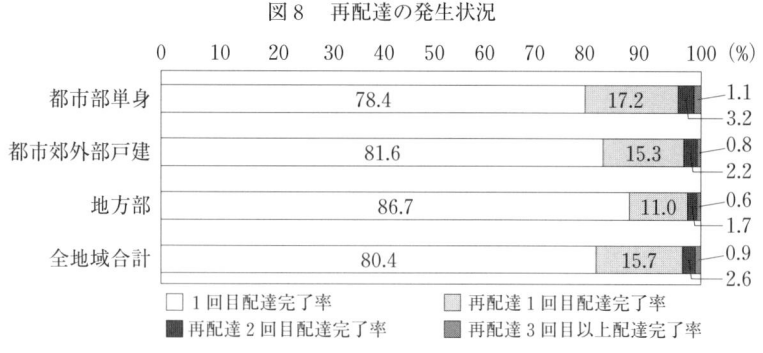

図8　再配達の発生状況

（出所）　国土交通省「宅配の再配達の削減に向けた受取方法の多様化の促進等に関する検討会」報告書より作成．

間で約 42 万トンの CO_2 排出量，年間約 1.8 億時間，年間約 9 万人分の労働力に相当する[24]．とくに一般の人にとって，従来，物流は縁遠いものと思われがちであったが，何気なく頼んでいる再配達が，社会経済的損失につながっていることを知り，宅配便サービスに対する意識も少しずつ変わってきたといえる．同時に，物流が注目されることによって，物流の重要性が再認識されると同時に，過酷な物流現場の状況も知られることにもなった．

　また，過疎地域等低密度地域などで，集配効率が悪化していることが，宅配事業者にとっては大きな課題となっている．都市部と過疎地域の配送効率を比較した場合，1 つの荷物を届けるために，過疎地域は約 1.2（km/ 個），都市部は約 0.2（km/ 個）で，約 6 倍のトラック走行距離が必要となっている[25]．収支から考えれば，過疎地域において，別料金体系を導入することも考えられる．現在，日本の宅配便サービスは全国どこでも同じ料金体系であり，郵便と同じように，ユニバーサルサービスとして展開しているが，重要な課題となっている．

5．宅配便の生産性向上に向けての取り組み

⑴　再配達削減に向けての取り組み

　再配達を減らすために，様々な検討が進んでいる．再配達を減らすためには，利用者と宅配事業者あるいは通信販売会社との間で，配達日時に関する緊密な情報交換，情報共有化の仕組みの構築と多様な受取方法を可能とする仕組みの構築の視点があげられる．前者はソフトウェア中心の対応であり，後者はソフトウェア，ハードウェア両方に関わる対応といえる．国土交通省が実施した宅配便で再配達をした利用者のアンケート調査結果によると，1 回目の配達で受け取れなかった理由について，「配達が来るのを知らなかった」が約 42% で最も多くなっている．次いで「配達が来るのを知っていたが，用事ができて留守にしていた」が約 26%，「もともと不在になる予定だったため，再配達してもらう予定だった」が約 14% と，「後日における再配達の依頼を前提とした不在」が併せて 4 割を占めている[26]．このように，再配達が当たり前という

意識を持つ利用者が多いのも実態である.

　まずは，配達日時の緊密な情報交換ができる仕組みの構築であるが，再配達の発生要因として，配達が来るのを知らなかったという回答が多くなっている.利用者に対する配達日時の情報提供と配達希望日時の指定や変更を可能とすることは，再配達削減に大きく寄与する.しかしながら，家庭向け宅配便のうち時間指定がある比率は18%にとどまっている.また，不在などで配達時間を変更したい場合，急な変更にはなかなか対応できない,簡単に変更できないという問題の解決策として，SNSのLINEを利用した，変更がリアルタイムにできるシステムも導入されている.このように，配達予定日時，受取可能日時を利用者と宅配事業者等がリアルタイムに情報交換が可能な仕組みが重要である.

　続いて，多様な受取方法を可能とする仕組みの構築である.利用者側からも，自宅における宅配での受け取りだけでなく多様な受取方法を望む声が強い.また，利用者にとって，宅配便が来るのに合わせて行動するというのは，大きなストレスとなる.多様な受取方法は，そのような制約がなくなるのであり，利用者にとってもやさしい仕組みといえる.

　自宅への宅配で受け取る以外の方法を選択できるようにしていくことが重要であり，消費者に対する各種サービスの窓口となっているコンビニエンスストアでの受け取りを希望する人が多い.従来からコンビニエンスストアと宅配事業者あるいは通信販売会社が個別の契約で受取場所としてのサービスを展開しているが，それをさらに拡大していくことが必要である.

　また，宅配ボックス，宅配ロッカーでの受け取りも注目される.新築の集合住宅においては，あらかじめ不動産会社が宅配ボックスを設置する場合が多くなっている.住宅だけでなく，駅施設，郵便局などでの複数の宅配事業者が利用できるオープン型の宅配ロッカー設置も進展している.ヤマト運輸も，フランスの会社と共同で，オープン型宅配ロッカー事業の会社を立ち上げ，2022年度までに5,000台設置することを目標としている.

　宅配ボックス，宅配ロッカーは設置費用が高いことから，1企業だけでなく，

共同利用も含めた検討が必要となっており，オープン型の展開が期待されるところである．しかしながら，各企業のサイズ，利用方法などに差異があり，利用者に混乱をもたらすことも危惧される．今後，宅配ボックス，宅配ロッカーの標準化，規格化の検討が必要といえる．置き配についても，最近は注目されている．一部，導入が進んでいるが，盗難防止対策などの検討が必要となっている．

　また，後日，再配達を依頼することを前提として配達を認識していた場合にも不在としていたという回答が多数を占めている．再配達の削減については，着荷主ともいえる利用者の意識改革も重要である．最近の報道によって，利用者が無駄を認識し，意識が大きく変化してきており，削減に寄与している．

(2)　過疎地域等低密度地域での宅配便サービス持続に向けての取り組み

　宅配便サービスは，生活にとってますます欠かせないサービスとなっており，買い物弱者にとって，生活を支える最後の砦ともなっている．このような状況のなか，過疎地域などにおいて，宅配便サービスをどのように持続していくかが重要となる．複数物流事業者が地域の物流事業者に運送を委託し，一括して荷物を配送する，あるいは物流事業者ではなく地域のNPOなどに運送を委託する方法も考えられる．過疎地域では，すでに地域の物流事業者が複数の宅配事業者から配送業務を委託され，一括して配送している事例もある．さらに，利用者との合意が必要であるが，毎日配送ではなく，隔日配送などサービス水準を落として，対応している場合もある．電車，路線バス，タクシーに宅配便を載せる貨客混載の事業も展開されるなど，サービス維持に向けた動きも一部みられるようになってきている．

　各家庭に直接結びつけるラストマイル関連のサービスは，ネット通販による宅配便だけでなく，店舗からの宅配，小売店舗と連携した買い物代行，御用聞き，単身の高齢者向けの見守りサービス，家事代行など様々なものがあり，新たな市場として注目されている．新たな宅配サービスの展開として，これらのラストマイルの関連サービスを統合して提供し，地域全体で共通プラットフォ

ームとして構築することが望ましいといえる.

　このような取り組みとして，ヤマト運輸は，東京の多摩地区，さらに神奈川県藤沢市のFujisawaサスティナブル・スマートタウン（Fujisawa SST）で事業を展開している．複数宅配事業者の一括配送サービス，地域の小売店舗から自宅まで購入品を届ける買物便サービス，宅配ロッカーの設置，家事サポートサービスを提供している．さらに，多摩地区では，コミュニティ拠点の設置（宅急便の受付だけではなく，買物代行の注文受付，NPOや団地自治会等との連携，市や地域の情報発信など，居住者が集まるコミュニティ拠点を設置），多摩市と「多摩市地域見守り活動に関する協定」を締結し，宅配と同時に，居住者の元気確認の報告を行っている．また，Fujisawa SSTでは，情報ネットワークを利用した，各世帯のテレビでの到着情報の通知，受取時間の指定ができるようにしている．

　今後，ラストマイルに関連する共通プラットフォームによる統合したサービス提供，宅配ボックスなど受取側の仕組み，提供側と受取側の情報交換により連動できる仕組みを社会の共通インフラとして考えていくことが必要となっている．

おわりに

　現在，物流で発生している問題は，日本のサービス業全体が抱えている問題にも繋がる．顧客ニーズへの対応が求められる一方で，過度な対応が非効率をもたらしていないか，提供したサービスにみあった料金を収受できているか，きめ細やかなサービスがすべてに必要なのかといった議論も欠かせないのである．物流において，これまでは運賃が比較的安かったために，結果的に輸送に負荷がかかった状態であったといえる．企業は在庫圧縮を図り，物流センターを統合集約化を進める一方で，輸送に短いリードタイム，多頻度小口，ジャストインタイムの過度な要求をし，さらに荷待ち時間，手積み手卸しといった付帯作業を押し付けてきたともいえる．

　物流の生産性向上について，最近，盛んに議論されている．もちろんこれまでも，各企業は，いかに物流コストを削減するか，いかに効率を上げるかにつ

いて取り組んできた．しかしながら，たとえば日本のトラックの積載率は改善するどころか，悪化しているのが現状である．どうしてこのようなことが起きてしまうのか，その最大の原因は，根本的な物流条件が見直されていないためと考えられる．いつ，どこへ，どれだけの荷物を運ぶかといった物流条件を要請し，決定しているのは，荷受け側の着荷主企業である．物流効率化について，物流事業者，発荷主企業がいくら取り組んでも限界がある．前提となる物流条件を見直さなければ，抜本的な生産性向上には結びつかない場合が多いのである．多くの企業は，発荷主企業としての立場から，物流を見直すことはあっても，着荷主企業の立場からは検討してこなかった．これからは，発荷主企業，着荷主企業，物流事業者が連携し，取引条件も含めた物流条件の見直しによる物流改革が必要なのである．このような取り組みは，端緒についた段階ともいえるが，今後の物流システム再編の柱になるといえる．また，宅配便において，着荷主は利用者ということになる．本章で取り上げた再配達問題は，通販事業者，宅配事業者，利用者が連携して取り組むべき課題といえる．さらに本章ではふれなかったが，今後，物流情報の電子化，共有化，さらに IoT，AI といった新技術の導入は，企業連携を推進する上で，重要な役割を果たしていくと考えられる．

1)　国土交通省自動車交通局（2008）．
2)　全日本トラック協会「トラック運送業界の景況感」．
3)　厚生労働省「職業安定業務統計」．
4)　総務省「労働力調査」．
5)　厚生労働省「賃金構造基本統計調査」．
6)　同上．
7)　全日本トラック協会，日本貨物運送協同組合連合会「求荷求車情報ネットワーク（Web KIT）成約運賃指数」．
8)　日本銀行「企業向けサービス価格指数」．
9)　厚生労働省，国土交通省，全日本トラック協会（2018）．
10)　同上．

11) 国土交通省 (2017)「貨物自動車運送事業輸送安全規則の一部を改正する省令」.
12) 国土交通省 (2017)「トラック輸送状況の実態調査結果」.
13) 日本物流団体連合会 (2017)「手荷役の実態アンケート調査」.
14) 最近は，即席めんメーカーのパレット利用が始まったほか，農産品のパレット利用についても検討が始まっている.
15) 通い箱についても標準化されていないため，各メーカー，卸売企業の通い箱があり，スーパーでは 100 種類程度の通い箱を扱っている場合がある.
16) 国土交通省 (2017)「トラック輸送状況の実態調査結果」.
17) 2016 年度，2017 年度の取扱個数が大きく増加しているが，2016 年 10 月より日本郵便が取扱う「ゆうパケット」を宅配便取扱個数として集計することにしたことも影響している.
18) 日本通信販売協会資料による.
19) 経済産業省商務情報政策局情報経済課 (2018).
20) ヤマト運輸の宅急便収入を数量で割り，単価を算出したものである.
21) 国土交通省 (2015).
22) 全宅配便取扱個数（2013 年度 36.4 億個）の 0.1％のサンプル調査，家庭向け宅配便を対象に調査.
23) 国土交通省は，再配達について，継続調査をしている.再配達率は 2017 年 10 月が 15.5％，2018 年 4 月が 15.0％となっている.ただし，調査方法を変更したため，2015 年調査との継続性はない.
24) 国土交通省 (2015).
25) 国土交通省物流審議官部門 (2016).
26) 国土交通省 (2015).

参 考 文 献

大島弘明「トラック運送業のドライバー確保問題について」，『物流問題研究』59 号，2013 年

木島豊希「企業間連携による物流効率化」，『流通ネットワーキング』308 号，2018 年

経済産業省商務情報政策局情報経済課「我が国におけるデータ駆動型社会に係る基盤整備（電子商取引に関する市場調査）報告書」，2018 年

厚生労働省，国土交通省，全日本トラック協会「取引環境と長時間労働の改善に向けたガイドライン事例集」，2018 年

国土交通省「宅配の再配達の削減に向けた受取方法の多様化の促進等に関する検討会報告書」，2015 年

国土交通省「貨物自動車運送事業輸送安全規則の一部を改正する省令」，2017 年

国土交通省「トラック輸送状況の実態調査結果」, 2017 年

国土交通省自動車交通局「輸送の安全向上のための優良な労働力（トラックドライバー）確保対策の検討報告書」, 2008 年

国土交通省物流審議官部門「地域を支える持続可能な物流ネットワーク構築に関するモデル事業報告書」, 2016 年

清水真人, 管浩一「トラックドライバー数に影響を与える要因に関する基礎的分析」, 『日本物流学会誌』24 号, 2016 年

週刊東洋経済「特集 物流危機は終わらない」2018 年 8 月 25 日号

日本物流団体連合会「手荷役の実態アンケート調査」, 2017 年

矢野裕児「連携による物流効率化の推進」, 『道路建設』764 号, 2017 年

第4章 小売業の変革としてのオムニチャネル
――無印良品の情報システムを中心に――

石 川 実 令

は じ め に

近年，インターネット通信販売（以下ではネット通販）を利用する消費者が増えている．日本国内の消費者向け（BtoC）電子商取引（EC）の市場規模（物販系分野：2017年）は8兆6,008億円であり[1]，今や百貨店の売上高（6兆5,528億円：2017年）を上回る規模にまで成長している[2]．ネット通販を手掛ける代表的な企業はアマゾン・ドット・コム（Amazon.com, Inc.：以下ではアマゾン）であるが，同社が品揃えなどを拡大することで，競合する既存の小売企業が大きな打撃を受ける「アマゾン・エフェクト」と呼ばれる現象も生じている[3]．

しかしながら，「アマゾン・エフェクト」には別の側面もある．すなわち，アマゾンの活動範囲の拡大に対抗して，新たな変革が生まれることである[4]．本章では，小売業における新たな変革としてオムニチャネル（omni channel）を取り上げる．インターネットが世界人口の半分にまで普及している現在[5]，小売企業はどのようにしてネット（ネット通販）とリアル（実店舗）を融合させようとしているのだろうか．これが本章の問題意識である．

検討の順序は以下の通りである．まず，オムニチャネルが何を意味しており，概念としてどのように進化してきたのかを整理する．次いで，オムニチャネルの仕組みを検討する枠組みとして，小売業の革新性に関する先行研究を取り上げる．そして，オムニチャネルの事例として株式会社良品計画（以下では

68

良品計画）の「無印良品」を取り上げる．

1. オムニチャネルの概念の進化

オムニチャネルとは，「消費者が複数のチャネルを縦横どのように経由して
もスムーズに情報を入手でき購買へと至ることができるための，小売事業者に
よるチャネル横断型の戦略やその概念，および実現のための仕組み」のことで
ある[6]．この概念は以下にあげる 2 つのことを契機として，米国で誕生した．
第 1 に，2010 年に米国百貨店メイシーズ（Macy's Inc.）がテスト導入した「Ship
from Store」である[7]．これはインターネットで購入された商品のピックアッ
プから配送までを最寄り店舗で行うというもので，急成長を遂げていたアマゾ
ンなどのネット小売企業に対抗するために始められた．そして，結果的にメイ
シーズが業績を大幅に改善させたことから，米国では多くの小売企業がオムニ
チャネルを推進するようになった．

第 2 に，その翌年に，全米小売業協会（National Retail Federation）が報告書に
おいてオムニチャネルの正式な定義を発表したことである[8]．それによると，
オムニチャネルという概念は以下の 4 段階を経て進化してきた（図 1 を参照の
こと）．第 1 段階はシングルチャネルである．伝統的な小売企業と顧客との関
係であり，小売企業は実店舗においてのみ顧客との接点を持つ．

1990 年代になるとインターネットが急速に普及するようになり，新たに，
あるいは実店舗の運営に加えて，ネット通販を始める企業が続々と誕生した．
後者の場合が第 2 段階のマルチチャネルにあてはまり[9]，小売企業は実店舗，
ウェブサイト，カタログなどの複数チャネルで顧客との接点を持つようにな
る．しかしながら，それらの運営は個別になされており，複数の販売チャネル
間で顧客・商品情報は共有されていない．そのため，消費者は商品の選択・購
入・受取を 1 つのチャネル内でしか行うことができない．

第 3 段階のクロスチャネルになると，小売企業は複数チャネルにおける商品
情報を一元的に管理するようになる．これにより，消費者はインターネットで
注文した商品を実店舗で受け取ることができるようになる．しかしながら，小

図1 オムニチャネルの概念の進化

	シングル チャネル	マルチ チャネル	クロス チャネル	オムニ チャネル
顧客接点	単一接点	複数接点（顧客ごとに個別に存在）	複数接点（1人の顧客に複数の接点を提供）	シームレス
小売側の対　応	単一の販売チャネルのみ	複数の販売チャネルを用意	チャネルを横断した顧客管理はできない	チャネルを横断した商品・顧客・販売促進管理を行う
イメージ		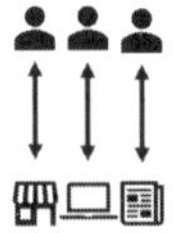	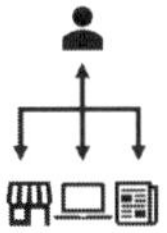	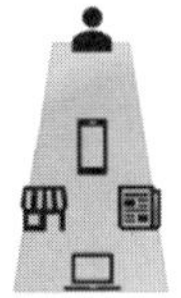

（出所）　National Retail Federation (2011)，p. 2, Figure 1; 奥谷（2016），13ページ，図表7より作成.

売企業によるチャネルを横断した顧客管理はまだできない.

　そして，第4段階がオムニチャネルであり，顧客との接点がシームレスになる状態である．商品・在庫情報のみならず顧客情報など，販売に必要なデータが統合される．顧客が実店舗を訪れても，ウェブサイトにアクセスしても，小売企業は同一の情報にもとづいて接客することが可能となり，その結果，顧客との関係性が深まると考えられている[10].

　小売企業が複数のチャネルを連携させ，チャネルを横断した商品・顧客・販売促進管理を行うオムニチャネルに取り組むようになった背景には，スマートフォンの普及がある[11]．図2は，日本におけるインターネットの端末別利用状況の推移を示すものである．2016年末，インターネット利用時に最も利用されたのは「自宅のパソコン」（58.6%）であり，以下「スマートフォン」（57.9%），「タブレット型端末」（23.6%），「携帯電話」（13.3%）と続く．「自宅のパソコン」は2011年末以降最も利用されている端末であり続けているが，「スマー

図2　インターネットの端末別利用状況の推移（2011 〜 2016 年末）

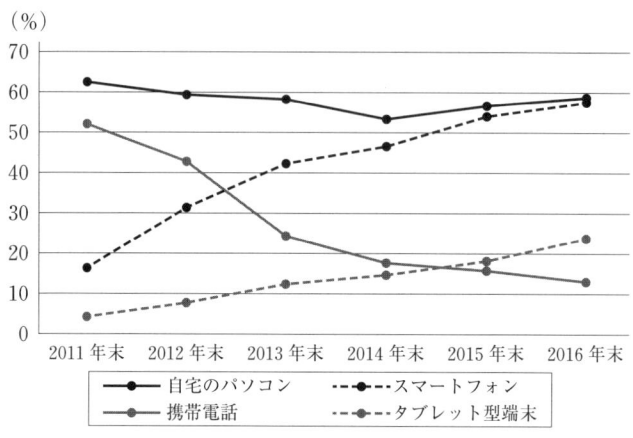

（出所）　経済産業省（2018），24 ページ，図表 3-6.

図3　チャネルの垣根を越えた消費者行動

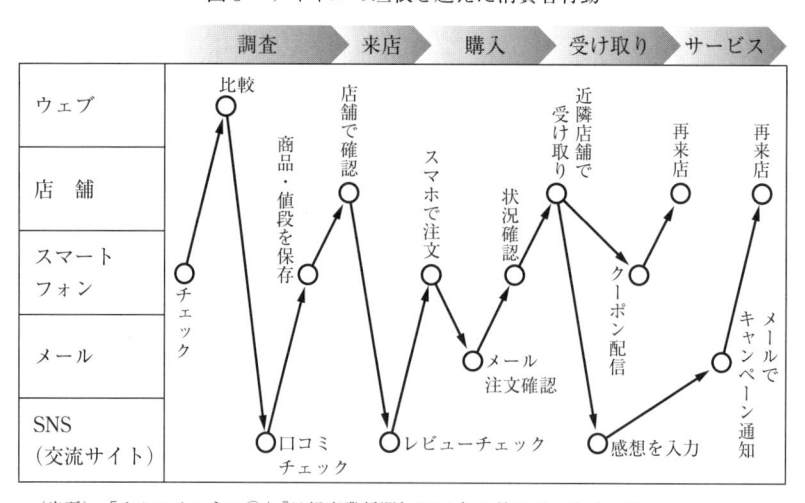

（出所）「オムニチャネル①」『日経産業新聞』2014 年 4 月 7 日，2 ページ.

トフォン」の伸び率が著しく，現在はスマートフォンと順位が入れ替わっている可能性が予想される[12]．

　スマートフォンの普及により，消費者はチャネルの垣根を超えて行動するようになった．図3に示すように，ある消費者は，商品を購入するまでに，スマートフォンやウェブサイト，SNS（ソーシャル・ネットワーキング・サービス），実店舗で商品に関する情報を収集する．そして，スマートフォンで注文をし，受取り場所を指定する．以上のように，消費者はチャネルを意識することなく，「いつでも」「どこでも」購買活動を行う．

2．小売業の革新性に関する先行研究

　小売業の新たな変革としてオムニチャネルを取り上げるにあたり，小売業の革新性に関する先行研究を整理しておく．それはおもに2つある．第1に，矢作（2000）の小売イノベーション・モデルである（図4を参照のこと）．既存の小売業態発展論が商品とサービスを提供する場である店頭における小売業務システムに議論の焦点をおいてきたのに対し[13]，同モデルは，小売業務システムとそれを後方で支援する商品調達・商品供給システムとの相互依存関係およびステークホルダーの組織間関係に着目した[14]．

図4　小売イノベーション「一般モデル」

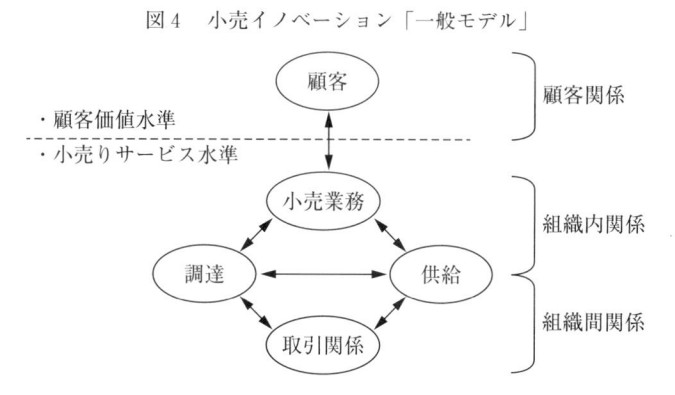

（注）　矢印は作用の方向を示す．
（出所）　矢作（2014），21ページ，図2．

　第2に，田村（2008）の業態盛衰モデルである．ここではモデルそのもので
はなく，モデル構築の前提となる業態・フォーマットの概念を取り上げる（図
5を参照のこと）．これによれば，フォーマットとは活動レベルでみた業態の姿
であり，業態の多様な変種を生み出す源泉である．そして，それは小売ミック
ス（品揃えや立地など）などを構成要素とするフロント・システムと，サプライ
チェーン・マネジメント（supply chain management: SCM）などを構成要素とす
るバック・システムの2つからなる．バック・システムはフロント・システム
を背後で支える業務遂行の仕組みであり，顧客の目に触れない．

　これらの先行研究に共通しているのは，小売業の革新性の解明には，垂直的
な関係を含めた流通システムをおさえることが必要との立場をとっている点で
ある．このことは，小売業における新たな変革としてオムニチャネルを検討す
る際にもあてはまるだろう．従来の小売業態発展論で議論の中心となってきた

図5　フォーマットの基本要素

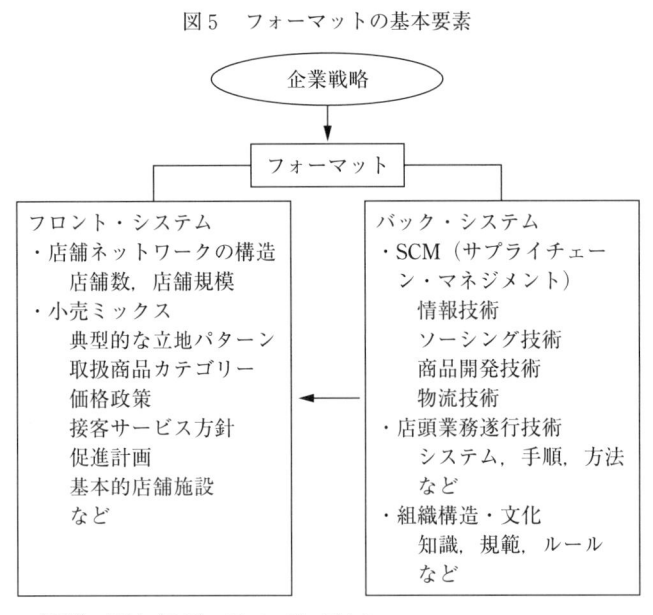

（出所）　田村（2008），26ページ，図1-1.

外形的な「形態」だけでなく[15]，それを実現するみえないシステムにも目を向ける必要がある．そして，そのみえないシステムこそが，他社が容易には模倣できない優位性となるのである．

3．無印良品のオムニチャネル

(1)　チャネルの展開

　それでは，オムニチャネルを実現するみえないシステムとはどのようなものだろうか．事例として無印良品の情報システムを取り上げる．無印良品は1980年に株式会社西友ストアー（以下では西友）のプライベート・ブランド（private brand：以下では PB）として誕生した[16]．無印良品が最初に実店舗を構えたのは1983年のことである．「無印良品青山」直営1号店をオープンしたが，当時はまだ西友の PB のままであった．その後，1989年に良品計画が設立され，西友から独立した．そして，1990年には西友から「無印良品」の営業権が譲渡された．

　2018年2月末現在，国内に419店舗を構える（図6を参照のこと）[17]．そのうち335店舗が直営店で，残りの84店舗は LS（licensed stores）店舗である[18]．また，1991年以降は海外へも進出しており，2018年現在，その店舗数は457となり，国内を上回る[19]．

　2000年にはムジ・ネット株式会社（現：株式会社 MUJI HOUSE）が設立され，ネットストア，ムジ・ネット（MUJI.net）が創設された[20]．これにより販売チャネルは実店舗とネットストアとのマルチチャネルとなったが，当時はネット通販に対して，フランチャイズチェーン店を中心とした実店舗から強い反発を受けたという[21]．このことから，実店舗にとってネットストアは売上げを奪う存在として考えられていたことがわかる．

　そのため，無印良品のネット通販への取組みは，実店舗との連携を強く意識して展開されるようになった[22]．たとえば，ネット会員（MUJI.net メンバー）にはメールなどで割引セール（不定期に開催する「無印良品週間」）の開催日時を告知した．ネットでの売上げを伸ばすことにこだわらず，実店舗に送客するこ

図 6　無印良品の店舗数の推移（2012-2018 年）

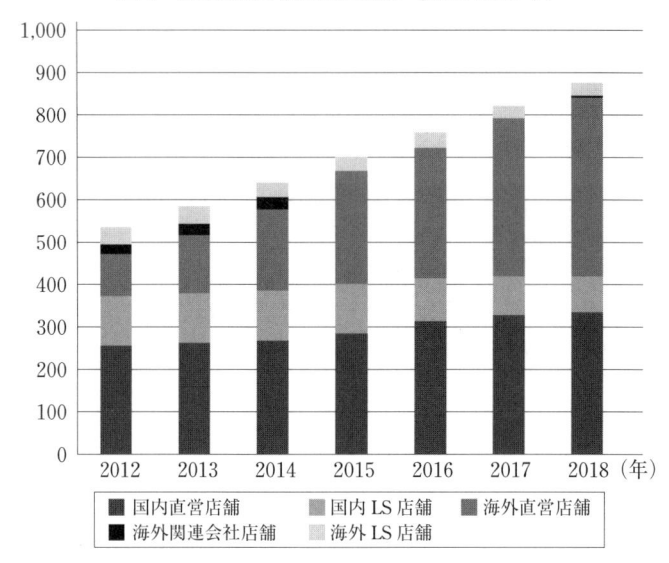

（注）　1. いずれもその年の 2 月末の数字.
　　　　2. 2012～2016 年の国内 LS 店舗には西友インショップを含む.
　　　　3. 2012～2014 年の海外関連会社店舗とは台湾の関係会社店舗のこ
　　　　　とであり，2014 年 1 月 6 日以降は海外直営店舗となった.
　　　　4. 2018 年の海外関連会社店舗とはフィリピンの 4 店舗（持分法適
　　　　　用会社）である.
（出所）　株式会社良品計画『アニュアルレポート』各年版；『会社案内』各
　　　　年版より作成.

とが重視された[23]．2013 年に導入されたスマートフォンアプリ「MUJI passport」には，チェックインやマイルといった機能を駆使して，利用者に「無印良品のお店にいないときも，MUJI を頻繁に想起させる仕組み」を盛り込んでいる[24]．利用者の生活に占める無印良品との接触時間（無印良品では「顧客時間」と呼んでいる）を増やすことで，商品への興味や購買意欲を刺激し続け，店舗に誘導しようとしている．

(2)　2005 年までの情報システム

　小売企業がオムニチャネルに取り組む際の課題は，企業内でのカニバリゼー

ション（チャネル間での売上げの奪い合い）をいかに防ぐかにある[25]．全体最適の視点では実店舗・ネット通販のどのチャネルで売れても構わないが，それぞれが部分最適を目指した場合，自部門の売上げ拡大が目標となるからである．

　無印良品がネット通販を開始した際にもカニバリゼーションが発生する恐れがあったが，このことは当時の情報システム体制からうかがい知ることができる．2005年までのシステム（図7を参照のこと）では，情報システム部が業務要件を定義するものの，実際の開発・運用は業務システムごとに外部企業へ委託していたことがわかる．店舗とマーチャンダイジング（merchandising: MD）に関わるものはA社[26]，物流・勘定に関わるものはB社，ネットストアに関わるものはC社，そして会計・人事に関わるものはD社が，それぞれシステムの開発・運用を行っていた．この体制下では，実店舗に関わるシステムとネットストアのシステムが別々に存在することとなり，実店舗とネットストアの情報（商品・在庫・顧客）はそれぞれのシステムに閉じ込められていた．以上のように，チャネルごとに販売管理システムが異なっていたため，ネットストアで注文した商品を実店舗で受け取りたいと考える消費者の要望に応えることはできず，クロスチャネルは実現できていなかった．

図7　無印良品の情報システム（2005年まで）

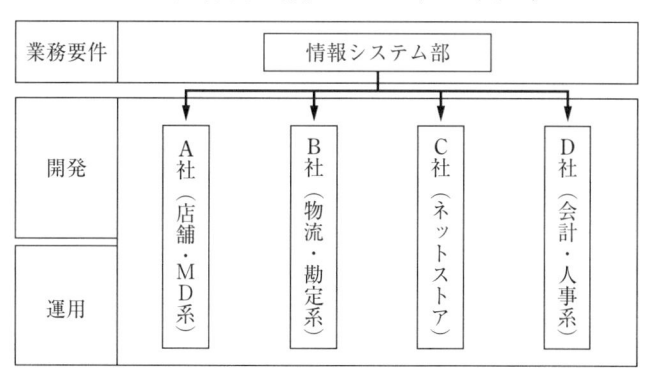

（注）　MDはマーチャンダイジングの略．
（出所）　小森（2014），25ページ．

⑶ 2006年以降の情報システム

2005年になると業務システムの再構築に着手し，2006年にシステムを全面的に刷新した[27]．新しくなったシステムは図8の通りである．その特徴は以下の3つである．第1に，独自性が強くコアな業務については，管理系システムを自社開発した[28]．具体的には，マスター管理（商品マスター，商品仕様，価格マスター，物流マスター）[29]，発注管理（需要予測，自動発注，生産発注，品振調整），在庫管理（生販在計画，在庫統括，進捗管理），実績管理（定型帳票，非定型検索，予実管理，週次検証），社内ポータル（業務連絡，作業計画，改善提案，DINA）[30] である．無印良品は商品の開発から生産，販売までを一貫して行う製造小売業であり，スピードが最も重視される．業務は日々変化しており，それに伴い要件も変化する．要件定義と開発を一貫して行うことで，変化に機敏な対応力を持つことができるようになった．

図8　無印良品の情報システム（2006年以降）

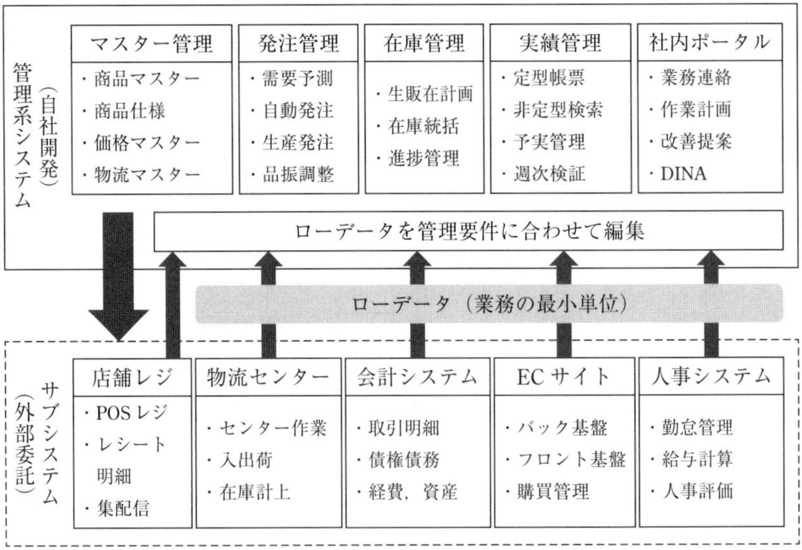

管理系システム（自社開発）	マスター管理	発注管理	在庫管理	実績管理	社内ポータル
	・商品マスター ・商品仕様 ・価格マスター ・物流マスター	・需要予測 ・自動発注 ・生産発注 ・品振調整	・生販在計画 ・在庫統括 ・進捗管理	・定型帳票 ・非定型検索 ・予実管理 ・週次検証	・業務連絡 ・作業計画 ・改善提案 ・DINA

ローデータを管理要件に合わせて編集

ローデータ（業務の最小単位）

サブシステム（外部委託）	店舗レジ	物流センター	会計システム	ECサイト	人事システム
	・POSレジ ・レシート明細 ・集配信	・センター作業 ・入出荷 ・在庫計上	・取引明細 ・債権債務 ・経費，資産	・バック基盤 ・フロント基盤 ・購買管理	・勤怠管理 ・給与計算 ・人事評価

（注）　表現統一のため，マスタをマスター，センタをセンターと表記．
（出所）　小森（2014），30ページ．

　第2に，定型的な業務系システムでパッケージのあるものについては，外部委託した[31]．具体的には，店舗レジ（POSレジ，レシート明細，集配信），物流センター（センター作業，入出荷，在庫計上），会計システム（取引明細，債権債務，経費・資産），ECサイト（バック基盤，フロント基盤，購買管理），人事システム（勤怠管理，給与計算，人事評価）である．従来のシステムではいつも同じベンダーに開発・運用を委託しており，取引関係が硬直的になりがちで，品質やコストの妥当性が不明瞭であった[32]．新しいシステムでは委託範囲をあまり広くせず，業務ごとに「部品化」した．そうして，ベンダー間で競争原理が働くようにした．

　第3に，自社開発した管理系システムと外部委託した業務系サブシステムとを，ローデータ（生データ）で連携させた[33]．ベンダーから上がってきたローデータを，自社システムで管理要件に合わせて編集した．これにより，店舗とネットストアとで異なるシステムが使われていても，商品・在庫・顧客に関する情報がそれぞれのシステムに閉じこめられることはなくなった．

　以上の3つのうち，オムニチャネルを実現するシステムとして最も重要なのは，自社開発した管理系システムのマスター管理である．企業のマスターは視点が異なる利用部門ごとに分散させて最適化される場合が多く[34]，全社で共通管理されるものは少ない．商品マスターの1つの属性情報である「商品名称」を例にとってみても，たんに「Tシャツ」と定義している部門もあれば，マーケティングの視点で付けられた名称を指している部門もあるだろう．商品タグの商品名称が「Tシャツ」であっても，それは限られたスペースで簡潔に表現できるよう短く定義されたものであり，大抵はそれとは別に正式な商品名称が存在する．生産・販売・物流部門など，それぞれの部門で商品名称に求められる役割が変わり，その役割に応じた商品名称が定義される[35]．

　商品や価格，店舗，物流，顧客など各種マスターがばらばらなままでは，複数のチャネルが連携して動くことは難しい．無印良品は2010年以降，マスターを世界で順次一本化し，マスター統合を実施した[36]．このマスター統合を以て，無印良品はオムニチャネルを実現したといえよう．無印良品の取扱商品

はすべて MUJI ブランドの PB である．そのため，商品や価格のマスターを統一できれば，世界で売れ筋や死に筋を単品ごとに管理できる．

さらに，マスター統合によって在庫の一元管理も可能になる[37]．在庫データを1時間ごとに物流センター・店舗から収集することで[38]，ネットストアや MUJI passport での在庫検索がよりリアルタイムに近いかたちで可能となる．オムニチャネルにとって品切れの少ない店舗運営は必要不可欠である．

おわりに

以上，小売業の変革としてオムニチャネルを取り上げ，それを実現するみえないシステムとして，無印良品の情報システムに注目してきた．無印良品は縦割り構造だった情報システムを再構築し，マスターを統合することで，顧客が「いつでも」「どこでも」買い物をすることができる仕組みを作り上げた．無印良品は実店舗を主体としており，ウェブサイトにしても，アプリや SNS にしても，それらを活用して顧客との関係性を深めることで，ネットとリアルの融合を目指している．

オムニチャネルの要はカニバリゼーションの発生をいかに防ぐかにある．無印良品の場合，店舗への送客を重視したためカニバリゼーションは起きておらず，むしろネット会員の客単価が高い傾向があるという[39]．さらに，アプリ利用者の客単価は4,000円と非利用者の2倍に相当し，アプリ導入後は，減少傾向にあった店舗の客数も急回復したという．いわゆる相乗効果が発揮された結果だと考えられるが，そのメカニズムについては検討できなかった．今後の課題としたい．

オムニチャネルはもともと，実店舗を有する伝統的な小売企業が急成長を遂げるネット通販に対抗するために始まった．しかしながら，代表的なネット通販企業であるアマゾンが無人店舗（Amazon GO）を手掛けるなど，今日ではネットとリアルを融合させる仕組みを意味するようになっている．わが国の流通・マーケティング研究では，4〜5年前に比べて，オムニチャネルが取り上げられることが少なくなったものの，オムニチャネルは今後の小売企業の盛衰

を分ける仕組みである[40]．そして，その仕組みにおいて重要なのは，情報システムなどのみえないシステムである．

　謝辞　本章の執筆にあたり，小森孝常務取締役（株式会社良品計画）並びに大石芳裕教授（明治大学）にグローバル・マーケティング研究会での発表資料の使用許可をいただきました．この場を借りて御礼申し上げます．なお，文責はすべて筆者にあります．

1)　経済産業省（2018），25，28 ページ．日本国内の消費者向け（BtoC）電子商取引の市場規模（2017 年）そのものは 16 兆 5,054 億円であり，物販系分野，サービス系分野，デジタル系分野から構成される．物販系分野に含まれるのは，①食品，飲料，酒類，②生活家電，AV 機器，パソコン・周辺機器など（オンラインゲームを除く），③書籍（電子出版を除く），映像・音楽ソフト，④化粧品，医薬品，⑤雑貨，家電，インテリア，⑥衣類，服飾雑貨など，⑦自動車，自動二輪車，パーツなど，⑧事務用品・文房具，⑨その他である．サービス系分野は 5 兆 9,568 億円であり，①旅行サービス，②飲食サービス，③チケット販売，④金融サービス，⑤理美容サービス，⑥その他（医療，保険，住居関連，教育など）が含まれる．そして，デジタル系分野は 1 兆 9,478 億円であり，①電子出版（電子書籍・電子雑誌），②有料音楽配信，③有料動画配信，④オンラインゲーム，⑤その他が含まれる．

2)　日本百貨店協会ホームページ．

3)　「パラダイムシフト⑤『選択革命』の波：流通の主役交代」，『日本経済新聞』2018 年 8 月 11 日付朝刊，8 ページ．

4)　同上．

5)　村山（2019）．

6)　経済産業省（2017），27 ページ．

7)　角井（2015），18-19 ページ．

8)　National Retail Federation (2011).

9)　前者（ネット通販企業）はウェブサイトにおいてのみ顧客との接点を持つので，シングルチャネルである．

10)　「本当のオムニチャネル」『日経ビジネス』2016 年 11 月 28 日号，31 ページ．

11)　スマートフォンは，先進国であるか発展途上国であるかにかかわらず，世界的に広く普及している．普及率はサウジアラビアで 96％，マレーシア 88％，中国 83％，米国 78％，英国 77％，メキシコ 72％，ブラジル 67％，日本 64％，インドネシア 60％，ケニア 43％，インド 40％である．「ネットで縮まった隔たり」，『日本経済新

聞』2018 年 1 月 1 日付朝刊，7 ページ．

12) 経済産業省（2018），24 ページ．2011 ～ 2012 年末にかけては，自宅のパソコンに次いで，携帯電話を利用する人が多かった．しかしながら，当時の携帯電話の仕様およびデータ通信環境では，文字情報のやり取りが中心であった．画像によって商品を確認することはできず，電子商取引を行うことは困難だった．

13) 小売業態発展論は，小売業態の栄枯盛衰や，ある小売企業が開発した業態が他の小売企業に模倣され，時間の経過とともに類似の販売方法が広まっていくプロセスについて論じるものである．渡辺・原・遠藤・田村（2008），131 ページ．

14) 矢作（2007），33-34 ページ；矢作（2014），20 ページ．矢作（2014）では，小売イノベーション・モデルを洗練化させ，小売事業システムの分析枠組みを提唱している．そこでは，小売業務を市場戦略（業態戦略・出店戦略）と店舗運営システムに大別した．しかしながら，本章は小売企業の実店舗運営を検討するのではなく，ネットとリアルの融合に焦点を当てているため，狭義の小売業務を用いた分析枠組みを取り上げている．矢作（2014），22-23 ページ．

15) 矢作（2014），20 ページ．

16) 株式会社良品計画『アニュアルレポート 2018』，26 ページ．

17) 同上，10 ページ．無印良品の店舗数であり，カフェミールおよびイデーの店舗を含まない．

18) LS 店舗とは商品卸売先店舗のことであり，いわゆるフランチャイズチェーン店を意味する．株式会社良品計画『アニュアルレポート』各年版：川又・小林（2014），28 ページ．

19) 直営店が中国に 229 店舗，香港 19 店舗，台湾 45 店舗，韓国 26 店舗，米国 15 店舗，英国 12 店舗，フランス 7 店舗，ドイツ 7 店舗，イタリア 8 店舗，カナダ 6 店舗，スペイン 6 店舗，ポルトガル 1 店舗，シンガポール 11 店舗，タイ 16 店舗，オーストラリア 3 店舗，マレーシア 7 店舗，そしてインドに 4 店舗あり，合計は 422 店舗となる．このほか，持分法適用会社がフォリピンに 4 店舗，LS 店舗が 31 店舗ある．株式会社良品計画『アニュアルレポート 2018』，10 ページ．

20) 株式会社良品計画『アニュアルレポート 2018』，26 ページ．なお，ネット事業を始めた理由は，①メインターゲットである団塊ジュニアがパソコンを使う世代であること，②実店舗の出店数には限界があること，③ネット上での代金決済などのインフラが整ってきたこと，の 3 点である．西川（2015），145 ページ．

21) 川又・小林（2014），28 ページ．

22) 川又・小林（2014），28 ページ．

23) ネット会員（450 万人：2014 年現在）の 6 割はネットストアで過去 2 年間に一度も買い物をしていないことから，実店舗でのセール情報を得るために会員登録していると考えられる．川又・小林（2014），28 ページ．

24)　川又・小林（2014），28 ページ．アプリのダウンロード数は日本では 1,123 万（2017 年度末現在）にのぼる．アプリは海外でも導入されており，ダウンロード数（2017 年現在，以下同）は中国で 379 万，台湾で 78 万，香港で 21 万，韓国で 25 万である．株式会社良品計画『アニュアルレポート 2018』，9 ページ．なお，MUJI passport については，奥谷（2014）；奥谷・岩井（2018），156-173 ページ；勝部ほか（2018），168-176 ページに詳しい．

25)　経済産業省（2018），31 ページ．

26)　マーチャンダイジングとは，商品のシーズン計画から販売・供給計画の立案，製造委託先への生産発注，納入計画から販売開始後の生産調整，在庫の店舗間移動，商品の値下げ処分に至るまでの商品のライフサイクル管理を指す．川又・小林（2014），33-34 ページ．

27)　小森（2014），25, 31 ページ；松井（2013），33 ページ．

28)　小森（2014），25 ページ；松井（2013），30-32 ページ．

29)　マスターとはマスターデータのことであり，企業内データベースなどで，業務を遂行する際の基礎情報となるデータのことである．たとえば「商品マスター」であれば，自社で販売している 1 つ 1 つ商品の名称や型番，仕様，価格などの基本的な情報がまとめられており，これを元に受発注に関するデータベースなどが構築される．IT 用語辞典，e-Words.

30)　DINA とは，Dead Line（締切り），Instruction（指示），Notice（連絡），Agenda（議事録）の頭文字である．松井（2013），50 ページ．

31)　小森（2014），25 ページ；松井（2013），30-32 ページ．

32)　従来のシステムのコストは年間 20 億円に上り，売上高比率が 1.8% であった．新しいシステムでは売上高比率 1% 以下が目標とされた．松井（2013），30 ページ．

33)　小森（2014），30 ページ；松井（2013），31-32 ページ．

34)　池上（2008），70 ページ．

35)　國本（2013），28-29 ページ．

36)　川又・小林（2014），32 ページ．

37)　川又・小林（2014），32-33 ページ．

38)　物流システムも無印良品のオムニチャネルを実現するみえないシステムである．全世界の在庫を管理しているのは，2013 年に稼働した中国（上海・深圳）のグローバルディストリビューションセンター（以下では GDC）である．従来，海外で生産された商品はいったん日本（長岡調達センター）に集約され，日本国内と海外へ発送されていた．GDC 稼働後は，中国で生産された商品は上海の GDC に集められ，中国やアジア各国へ直接出荷されるようになった．一方，日本国内のマザーセンター機能を果たしている物流センターは，2014 年に稼働した鳩山センターである．従来，国内には長岡・新潟・浦安・神戸・福岡の 5 拠点にセンターがおかれ

ていたが，このうち長岡・浦安の機能を鳩山センターに集約した．これにより，日本国内の供給分は鳩山センターに集約され，そこから新潟・神戸センターへ，そして神戸センターから福岡センターへと発送される．「30 年先を見通した大規模先端拠点で無印良品のサプライチェーンを再構築」，『Material Flow』2015 年 3 月号，21 ページ，図表 3.

39）　川又・小林（2014），32-33 ページ．

40）　日本型コンビニエンス・ストアという革新的な業態を作り上げた鈴木敏文氏（セブン＆アイ・ホールディングス前会長）は，オムニチャネルを「小売業の最終形」と表現したという．角井（2015），14 ページ．

参 考 文 献

奥谷孝司「無印良品のオムニチャネル戦略」，『Material Flow』2014 年 5 月号，2014円，26-29 ページ

奥谷孝司「米国小売業に見るオムニチャネル戦略」，『流通情報』No. 522，2016 年，6-22 ページ

奥谷孝司・岩井琢磨『世界最先端のマーケティング：顧客とつながる企業のチャネルシフト戦略』，日経 BP 社，2018 年

池上俊也「価値あるデータを作り出すマスター統合ソフト」，『日経システムズ』2008年 8 月号，70-75 ページ

角井亮一『オムニチャネル戦略（日経文庫 1343）』，日本経済新聞出版社，2015 年

勝部健太郎・無印良品コミュニティデザインチーム『新しい買い物―理想の社会を買い物でつくる』，角川書店，2018 年

川又英紀・小林暢子「無印良品：最強のオムニチャネル経営」，『日経情報ストラテジー』2014 年 8 月号，24-35 ページ

國本修司『「データ経営」を実現する IT 戦略―経営管理の本質はマスターデータにある』，日経 BP 社，2013 年

田村正紀『業態の盛衰―現代流通の激流―』，千倉書房，2008 年

西川英彦「無印良品の経営学〔第 2 回〕無印良品の拡大」，『一橋ビジネスレビュー』第 63 巻第 2 号，2015 年，132-149 ページ

村山恵一「WWW30 歳　新たな闘い」，『日本経済新聞』2019 年 1 月 4 日付朝刊，5ページ

矢作敏行編著『欧州の小売りイノベーション』，白桃書房，2000 年

矢作敏行『小売国際化プロセス―理論とケースで考える』，有斐閣，2007 年

矢作敏行「小売事業モデルの革新論―分析枠組の再検討―」，『マーケティング・ジャーナル』Vol. 33 No. 4，2014 年，16-28 ページ

渡辺達朗・原頼利・遠藤明子・田村晃二『流通論をつかむ』，有斐閣，2008 年

「本当のオムニチャネル」，『日経ビジネス』2016 年 11 月 28 日号，26-43 ページ

「ネットで縮まった隔たり」，『日本経済新聞』2018 年 1 月 1 日付朝刊，7 ページ

「パラダイムシフト⑤『選択革命』の波：流通の主役交代」，『日本経済新聞』2018 年
　8 月 11 日付朝刊，8 ページ

「オムニチャネル①」，『日経産業新聞』2014 年 4 月 7 日，2 ページ

「30 年先を見通した大規模先端拠点で無印良品のサプライチェーンを再構築」，
　『Material Flow』2015 年 3 月号，20-28 ページ

〈資料〉

株式会社良品計画『アニュアルレポート』各年版

株式会社良品計画『会社案内』各年版

経済産業省『平成 28 年度我が国におけるデータ駆動型社会に係る基盤整備（電子商
　取引に関する市場調査）報告書』，2017 年

経済産業省『平成 29 年度我が国におけるデータ駆動型社会に係る基盤整備（電子商
　取引に関する市場調査）報告書』，2018 年

小森孝「（株）良品計画のグローバル SCM への取り組み」グローバル・マーケティ
　ング研究会（2014 年 11 月 19 日）配布資料

松井忠三「無印良品のマーケティング戦略」マーケティングカンファレンス 2013
　（2013 年 11 月 10 日）資料 http://www.j-mac.or.jp/wordpress/wp-content/uploads/
　2013/11/lecture_matsui.pdf（2018 年 10 月 6 日アクセス）

日本百貨店協会ホームページ

IT 用語辞典，e-Words.　http://e-words.jp（2018 年 10 月 6 日アクセス）

National Retail Federation (2011), *Mobile Retailing Blueprint: A Comprehensive Guide for
　Navigation the Mobile Landscape, Version 2.0.0.*

第5章　コンビニエンスストア加盟店の低収益性

河　田　賢　一

はじめに

　日本のコンビニエンスストアチェーンの多くは，他のフランチャイズチェーンではほとんど採用されていない「粗利益分配方式」のロイヤリティシステムを採用している．

　「粗利益分配方式」のロイヤリティシステムは，本部と加盟店双方が，より多くの売上げを追求するのではなく，より多くの利益を追求するという目標を共有することができ，そのことが本部と加盟店の経営主体が異なるフランチャイズチェーンにおいて，双方の目標を一致させることに繋がり，その結果として成長・発展をもたらしてきたといわれている．この双方の目標を一致させ，同じ方向に努力していくことを共存共栄とよんでいる．

　本章では，「粗利益分配方式」のロイヤリティシステムが，一方で本部に大きな利益をもたらし，他方で加盟店の低収益に繋がっている現状を明らかにする[1]．すなわち，一方では本部の高収益性，そして他方では加盟店の低収益性を明らかにすることにより，少なくとも利益面において本部と加盟店の関係が共存共栄となっていないことを論ずる．

1．コンビニエンスストア業界の現状

　バブル経済崩壊以降，日本経済全体が停滞するのと同様に，日本の小売業界全体も停滞状態が続いている[2]．そうしたなかにおいて，コンビニエンスst

ア業界は店舗数そして全体の売上高ともに増加している.

　日本フランチャイズチェーン協会が発表している統計によると，日本のコンビニエンスストアは，1998 年には全国 3 万 1,068 店舗で約 5 兆 5,250 億円の売上高であったが，2017 年には全国 5 万 5,322 店舗で約 10 兆 6,795 億円の売上高であり，店舗数と売上高の双方ともに増加している．店舗数は約 78.1％増加し，売上高は約 93.3％増加した．

　この期間において，店舗数そして売上高ともに一度も前年を下回ったことはない．店舗数は，2006 年に 4 万店を超え，2014 年に 5 万店を超えている．売上高は，1999 年に 6 兆円を超え，2004 年に 7 兆円を超え，2010 年に 8 兆円を超え，2012 年に 9 兆円を超え，2015 年に 10 兆円を超えた（図 1）．

　しかしながら図 2 の通り，既存店[3] 売上高が前年を上回ったのは，1999 年，2008 年，2011 年，2015 年，2016 年の 5 回しかない．最近は 2015 年そして 2016 年と 2 年続けて既存店売上高は増加したが，2017 年は 99.7 とわずかながら減少している．

　2008 年に 104.5 と伸びているのはタバコを自動販売機で購入する際にタスポが導入されたことにより，それを持たない人がコンビニエンスストアで購入す

図 1　日本のコンビニエンスストアの店舗数と売上高の推移

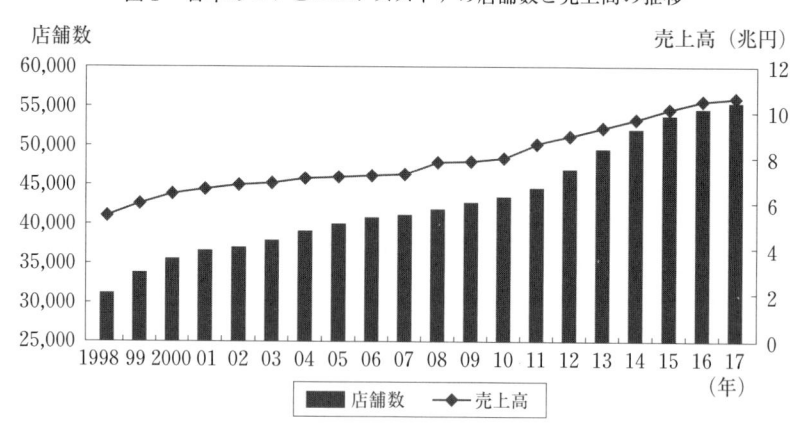

（出所）　日本フランチャイズチェーン協会 HP より作成.

図2　日本のコンビニエンスストアの既存店売上高前年比の推移

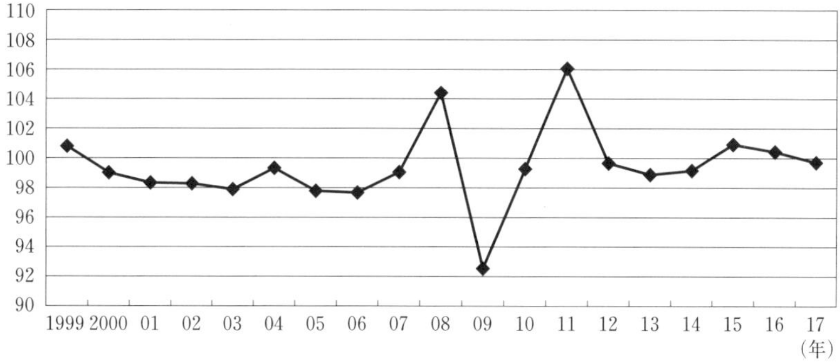

（出所）　日本フランチャイズチェーン協会HPより作成.

るようになったからである.逆に翌2009年に92.5と大きく減少しているのは,前年にタスポによる売上増加が大きかったことによる反動減の影響である.2011年に106.1と大きく伸びているのは,東日本大震災により一部のスーパーマーケットや一般小売商店の営業再開が遅れたこと,同震災による品不足による買い溜め需要[4],そして前年10月のタバコの販売価格の引き上げが1年間を通じて売上増加に結びついたからである.

　コンビニエンスストアに限らず,フランチャイズチェーンを展開している本部と加盟店においては,既存店売上高は大きな意味を持っている.なぜなら本部と店舗が同じ経営主体であるレギュラーチェーンであれば,たとえばある店舗の売上高や利益が予想を下回ったとしても,他店舗の売上高や利益でそれを補うことが可能である.さらにいえば,競合するチェーンの出店を阻止するために,売上げや利益が望めない場合であっても出店を行うことがありうる.

　それに対し,本部と加盟店の経営主体が異なるフランチャイズチェーンにおいて,加盟店の売上げが前年より増加しているか,それとも減少しているかは,とくに加盟店側に大きな影響をおよぼす.本部は一部の加盟店が不振であったとしても,チェーン全体の売上げや利益が確保できればよいと考えがちであるが,本部がそのような考えのもとに経営を行うと加盟店との共存共栄を得

ることはできない．最悪の場合には，そのチェーン全体が崩壊する可能性があるからである[5]．

2．フランチャイズシステム

(1) フランチャイズチェーンの定義

　フランチャイズチェーンの定義は諸説あるが，ここでは日本フランチャイズチェーン協会の定義を記す．「フランチャイズとは，事業者（『フランチャイザー』と呼ぶ）が，他の事業者（『フランチャイジー』と呼ぶ）との間に契約を結び，自己の商標，サービスマーク，トレードネーム，その他の営業の象徴となる標識，および経営のノウハウを用いて，同一のイメージの下に商品の販売その他の事業を行う権利を与え，一方，フランチャイジーはその見返りとして一定の対価を支払い，事業に必要な資金を投下してフランチャイザーの指導および援助の下に事業を行う両者の継続的関係をいう」と定義している[6]．

　本章では，上記の定義のなかでフランチャイズシステムを開発した事業者（フランチャイザー）を本部，そして他の事業者（フランチャイジー）を加盟店と表記する[7]．

(2) フランチャイズシステムのメリットおよびデメリット

　フランチャイズシステムを採用することのメリットとデメリットは，本部そして加盟店の双方にある（表1，表2）．

(3) フランチャイズシステムの類型

　フランチャイズシステムには多様なシステムがあるが，ここではそれを3つに分類する[8]．

① 製品・商標型フランチャイジング

　自動車[9]，ガソリンスタンド[10]，清涼飲料のボトラー[11]，などのフランチャイジングであり，本部は加盟店に自己の商品を供給するものである[12]．

表1　本部側におけるフランチャイズシステムのメリットとデメリット

メリット	デメリット
・比較的少額の投資と少ない人手で短期間のうちに新市場を開拓することができ，急速な多店舗展開することができる． ・規模の経済性を追求しやすい． ・加盟金やロイヤリティという形で確実な収益を期待できる． ・チェーン名，店舗デザイン，商品構成，販売方法等の統一により，消費者に対する高い販売効果や高い信頼度を期待することができる． ・加盟店の経営努力により収益が配分されることから，直営店を経営するよりも効率が高い． ・加盟店が保有している地域ネットワークを活用することができる．	・多数の加盟店を抱えることから，自社のノウハウやシステムを継続的に高めなければならず，資金面や人材面において多くのコストが必要になる． ・急激な市場変動や地域特性に適合するような柔軟な対応が困難となりやすい． ・本部自らが店舗展開するより投資効率は高いが，利益額そのものを大幅に増やすことは難しい． ・不祥事や一部の加盟店の問題行動がチェーン全体のイメージの低下に繋がる． ・加盟店との間の調整に時間がかかる． ・業績が不振な加盟店への対応に，多くの時間・労力・経費等が必要となる．

表2　加盟店側におけるフランチャイズシステムのメリットとデメリット

メリット	デメリット
・事業の経験がなくても，本部が開発した事業を本部の指導の下に相対的に低いリスクで遂行することができる． ・チェーンの知名度や良いイメージを活用することができる． ・本部の有する流通システムや市場情報を利用することにより，仕入面で多くの恩恵を得ることができる． ・自店の経営に専念することができる．	・加盟金やロイヤリティの支払いが必要になる． ・加盟店の独自性が一定程度制限される可能性がある． ・本部の善し悪しにより，加盟店の業績が左右される． ・本部への依頼心が強くなることにより，加盟店が経営努力や販売努力を怠る場合がある． ・競合避止義務として，契約終了後も一定期間は本部から得たノウハウを使用することができない． ・加盟店の収益が，本部が予想したものより少ない場合には，本部との間にコンフリクトが発生しやすい．

（出所）　一般社団法人　日本フランチャイズチェーン協会編（2016），16-22 ページ．一般社団法人　日本フランチャイズチェーン協会編（2017），31-33 ページ．金顕哲（2001），46-50 ページ．財団法人流通システム開発センター編（1985），10 ページ．

② ビジネス・フォーマット型フランチャイジング

コンビニエンスストア，飲食サービス，自動車用品店，ホテル[13]，などのフランチャイジングであり，本部はビジネスのシステム化やノウハウ化を行い，統一したチェーン名で事業システムをパッケージ化して提供するものである．

③ コンバージョン型フランチャイジング

不動産仲介事業に代表されるように，個別の不動産仲介事業者を組織化し情報提供することにより，大企業に対抗していくものである[14]．

3．ロイヤリティ

フランチャイズチェーンの定義にあるように，同チェーンはレギュラーチェーンのように本部と各店舗が同じ経営主体ではなく，本部と加盟店の経営主体が異なるという特徴を有している．

本部は加盟店にフランチャイズパッケージを提供することから，その見返りとしての対価を加盟店から受け取る権利が発生する．その対価をロイヤリティという．

フランチャイズパッケージとは，加盟店が本部から与えられる特権のことをいう[15]．この特権は，次の3つから構成されている．第1に，本部が有する商標，サービスマーク，チェーン名称を加盟店が使用する権利である．具体的には「セブン-イレブン」「ファミリーマート」「ローソン」といった看板や店舗名である．第2に，本部が開発した商品やサービス，情報など，経営上のノウハウを利用する権利である．具体的には，各コンビニエンスストアの独自商品やPOSシステムなどである．第3に，本部が加盟店に対して継続的に行う指導や援助を受ける権利である．具体的には，コンビニエンスストアでは，本部のスーパーバイザー[16]が，加盟店に出向いて経営指導などを行っている．これらの特権は，ひとまとまりのパックとして加盟店に提供されることから，フランチャイズパッケージとよばれている．

⑴　ロイヤリティの徴収方法

ロイヤリティの徴収方法はおもに，売上分配方式，定額方式，粗利益分配方式[17]の3つがある．

①　売上分配方式

売上分配方式は，加盟店の1ヵ月間の売上高に応じて本部に支払うロイヤリティ額が変動するものである．1ヵ月間の売上高×◇％という計算式により，加盟店が本部に支払うロイヤリティ額が計算される．コーヒーの「ドトール」は2％，ラーメンの「札幌ラーメンどさん子」は5％である[18]．

②　定額方式

定額方式は，加盟店の1ヵ月間の売上高に関係なく，毎月ロイヤリティ額が固定されているものである．持ち帰り弁当の「ほっともっと」は月額8万円，「ほっかほっか亭」は同9万円である[19]．

③　粗利益分配方式

粗利益分配方式は，加盟店の1ヵ月間の粗利益額に応じて本部に支払うロイヤリティ額が異なるものである．同方式はおもにコンビニエンスストアで採用されている．

ロイヤリティを徴収していない本部もあるが，その場合には加盟店に販売する商品にロイヤリティ分を上乗せして商品を提供している．この場合には本部がメーカー（もしくは卸売業者）で，加盟店が小売業者のような関係と捉えることもできる．

⑵　コンビニエンスストア大手3社のロイヤリティ

日本のコンビニエンスストアの多くは，粗利益分配方式のロイヤリティシステムを採用している．セブン–イレブン・ジャパン（以下，セブン–イレブン），ファミリーマート，ローソンの上位3社のロイヤリティは次の通りである．

1)　セブン–イレブンのロイヤリティ

セブン–イレブンのロイヤリティ率は表3の通りである．加盟店が土地と店舗を負担する場合は，月間売上総利益額にかかわらずロイヤリティ率が一定で

92

表3　セブン-イレブンのロイヤリティ率（月間売上総利益に対する割合）

			ロイヤリティ率
加盟店が土地と店舗を負担	24 時間営業		42%
	24 時間営業以外		44%
本部が土地と店舗を負担	24 時間営業	250 万円以下の部分	53%
		250 万円を超えて400 万円以下の部分	63%
		400 万円を超えて550 万円以下の部分	68%
		550 万円を超える部分	73%
	24 時間営業以外		24 時間営業よりそれぞれ 2 ％上乗せ

　（注）　ロイヤリティ率は1%の特別減額分を差し引いた数値にしている.
　（出所）「セブン-イレブン　オーナー募集」, 一般社団法人東京都中小企業診断士協会認定　フランチャイズ研究会編（2017）, 27 ページ.

ある. しかしながら, 本部が土地と店舗を負担する場合は, 月間売上総利益額が多くなればなるほどロイヤリティ率が高くなる逓増型である.

　逓増型となっている理由は, 月間売上総利益額が少ない加盟店は, 最終的に残る売上総利益額自体が少なくなり, 加盟店経営が苦しくなると考えられることから, 売上総利益額は少ない部分に対しては低いロイヤリティ率にしていると考えられる. 他方で月間売上総利益額が多い加盟店は, 多い部分に対するロイヤリティ率が高くても最終的に残る売上総利益額自体が多くなることから, 多い部分になるほどロイヤリティ率を高くしても加盟店経営が苦しくなるとは考えにくいことから, こうした逓増型にしていると考えられる.

　本部が新規出店に対して土地[20]と店舗建設に大きな費用を負担していることから考えると, 初期投資を早期に回収することができる逓増型を採用することは経済学的に理に適っている. レギュラーチェーンの場合, 売上げや利益の良い店舗が売上げや利益の悪い店舗の分を埋め合わせることをしていることからも一般的に行われている.

　しかしながらフランチャイズチェーンは，加盟店経営者はそれぞれ別の経営者である．すなわち逓増型の場合，売上総利益額の多い加盟店が，売上総利益額の少ない加盟店が本来支払うべきロイヤリティ分を負担しているともいえる．フランチャイズチェーンにおいて，加盟店に逓増型に対する理解を得ることは難しいと思われる．

　2）　ファミリーマートのロイヤリティ

　ファミリーマートのロイヤリティ率は表4の通りである．加盟店が新規出店費用のすべてまたは一部を負担する場合には，逓減型のロイヤリティ率であるが，加盟店の負担が全くない場合のみ逓増型のロイヤリティである．

表4　ファミリーマートのロイヤリティ率（月間営業総利益に対する割合）

			ロイヤリティ率
加盟店が土地と店舗を負担	加盟店が店舗工事費用を負担	250万円以下の部分	49%
		250万円を超えて350万円以下の部分	39%
		350万円を超える部分	36%
	本部が店舗工事費用の一部を負担	250万円以下の部分	52%
		250万円を超えて350万円以下の部分	42%
		350万円を超える部分	39%
本部が土地と店舗を負担	加盟店が内装工事費用を負担	300万円以下の部分	59%
		300万円を超えて450万円以下の部分	52%
		450万円を超える部分	49%
	加盟店の負担がない	300万円以下の部分	59%
		300万円を超えて550万円以下の部分	63%
		550万円を超える部分	69%

（出所）　「Welcome to "FamilyMart"―ファミリーマートへ，ようこそ―契約のタイプ・開店までのご案内」．

ファミリーマートは，パンプキン，セイコーマート，エーエム・ピーエム・ジャパン，サークルＫサンクス，ココストア，などのコンビニエンスストア各社からの店舗の譲り受けや買収・合併等により，ロイヤリティが異なることによる統一の必要性からロイヤリティ率の変更が頻繁に行われた．

3）　ローソンのロイヤリティ

ローソンのロイヤリティ率は表5の通りである．ローソンは加盟店が土地と店舗を負担した場合には，逓減型を採用している．本部が土地と店舗を負担した場合においても，450万円を超えた部分には関しては，その前の部分よりもロイヤリティ率を下げている．すなわちローソンでは，加盟店が努力してより多くの利益を獲得する誘引を引き出すようなロイヤリティであるといえる．

3社のロイヤリティ率を単純に比較すると，加盟店はローソンのロイヤリティ率が最も少なく，個々の加盟店経営のことを考慮したロイヤリティであるといえる．しかしながら本部による水道光熱費や商品廃棄ロスの一部負担，加盟店経営者の年間総収入の最低保証額の違い，そしてなにより平均日販[21]が異なることから単純に比較することはできない．

3社の平均日販の推移は図3の通りである．セブン-イレブンの平均日販は，ファミリーマートやローソンより10万円以上高い．すなわち，平均日販が高

表5　ローソンのロイヤリティ率（月間総粗利益高に対する割合）

		ロイヤリティ率
加盟店が土地と店舗を負担	300万円以下の部分	41%
	300万円を超えて450万円以下の部分	36%
	450万円を超えて600万円以下の部分	31%
	600万円を超えた部分	21%
本部が土地と店舗を負担	300万円以下の部分	45%
	300万円を超えて450万円以下の部分	70%
	450万円を超えた部分	60%

（出所）「ローソン　加盟店オーナー募集ガイド　2018」．

図3 3社の平均日販の推移

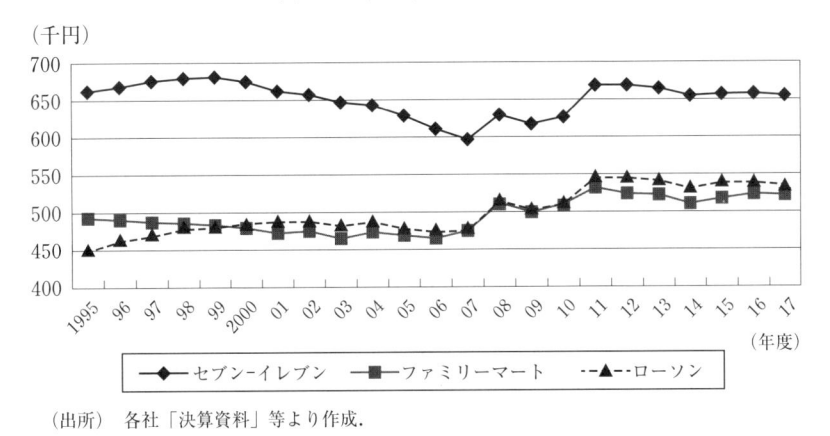

（出所） 各社「決算資料」等より作成.

いということは，本部に支払うロイヤリティ率が高くても，加盟店に残る利益額が多くなることから，単純にロイヤリティ率の高低を論ずることができないことを意味している．

4．粗利益分配方式のロイヤリティ

前述の通り，粗利益分配方式は，おもにコンビニエンスストアで採用されていると述べた．すなわち，他のフランチャイズチェーンでは採用されていないことから，同方式のロイヤリティ率が高いかどうかを一概に判断することができない．またセブン-イレブンにおける加盟店が土地と店舗を負担する場合を除くと，月間売上総利益額[22]に応じてロイヤリティ率が変動するかたちとなっていることから，比較することが難しい．

3社の加盟店が本部に支払う年間ロイヤリティ額を加盟店年間売上高で除算することにより，売上高に対するロイヤリティ率を求めることができる．それが図4である．

セブン-イレブンとローソンにおいては，加盟店が本部に支払うロイヤリティ率は増加傾向にあるが，ファミリーマートのみが低下傾向にある．増加傾向

図4　3社の加盟店売上高に占める本部ロイヤリティ比率の推移

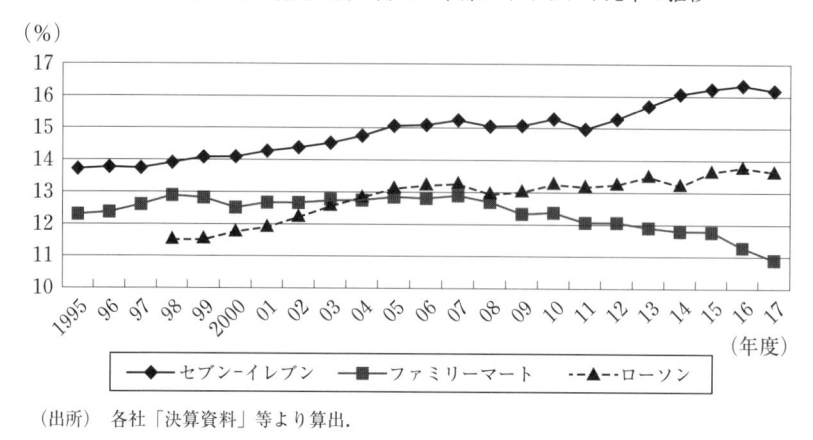

（出所）　各社「決算資料」等より算出．

にある理由は，本部が土地と店舗を負担して新規出店するかたちが多くなっていることによるものである．

　ファミリーマートが低下傾向にあるのは，前述の通り，他コンビニエンスストアからの店舗の譲り受けや買収・合併等によりロイヤリティ率の変更・統一をする必要が生じるとともに，他コンビニエンスストアのロイヤリティ率がファミリーマートより低かったことから，同社のロイヤリティ率を引き下げざるをえなかったからだと考えられる．

　3社の加盟店売上高に占めるロイヤリティ率は，いずれも 10％以上である．同ロイヤリティー率は，土地と店舗を加盟店が負担した加盟店も含まれていることから，本部が土地と店舗を負担して出店した場合のロイヤリティ率はさらに高くなる．

　そこで，セブン-イレブンにおいて本部が土地と店舗を負担した場合の加盟店が本部に支払うロイヤリティ率は，月間売上高に対しては 19.6％，月間売上総利益額に対しては 61.4％になる[23]．すなわち，加盟店は月間売上総利益の6割強を本部に支払わなければならないことから，ロイヤリティを本部に支払ったあとに残る加盟店の実質売上総利益[24]がとても少ないことがわかる．ま

た月間売上高の2割弱を本部にロイヤリティとして支払わなければならない.

　コンビニエンスストアが，総合スーパーや食品スーパー，そしてドラッグストアと比較して商品の販売価格が高いのは，加盟店が本部に支払うロイヤリティ率が高いことから，安売りすることができないという事情がある．さらに本部からすると商品の販売価格を引き下げると売上総利益率（売上総利益）が低くなり，それが本部へのロイヤリティも少なるることに繋がることから，価格引き下げには慎重な姿勢を取ることになる.

　セブン-イレブンにおいて缶ビールの価格が引き下げられた1999年11月，そして500mlペットボトル清涼飲料の価格が引き下げられた2005年9月には大きな話題となった[25].

5．加盟店の低収益性

⑴　売上総利益率の比較

コンビニエンスストア加盟店は本部にロイヤリティを支払うことから，実質売上総利益率が低いのは，前述の通りである.

　それでは，他の小売業態と比較してコンビニエンスストアの売上総利益率が高いかどうかを検討する．表6は，百貨店，総合スーパー，食品スーパー，コンビニエンスストア大手の売上総利益率を比較したものである[26].

　同表をみると，高級品を中心に取扱っている百貨店の売上総利益率が最も低く，購買単価が一番低いコンビニエンスストアの同利益率が最も高いことがわかる．百貨店の売上総利益率が低いのは，委託仕入や消化仕入という他小売業態には少ない仕入形態が多いことが影響していると考えられる[27].

　そしてコンビニエンスストアの売上総利益率が高いのは，次のように考えることができる．たとえば500mlペットボトル清涼飲料の販売価格を比較すると，総合スーパーや食品スーパーは100円を下回る価格で販売しているが，コンビニエンスストアはそれと比較すると高い価格で販売している．すなわち販売価格が高いために，売上総利益率を高くすることができていると考えられる．またコンビニエンスストアは前述の通り，加盟店が本部にロイヤリティを

表6　小売業態の売上総利益率の比較 ①

	2013 年度	2014 年度	2015 年度	2016 年度	2017 年度
三越伊勢丹	27.0%	27.3%	27.4%	28.2%	28.2%
大丸松坂屋	23.8%	23.6%	23.5%	23.4%	23.0%
髙島屋	25.1%	25.0%	24.6%	24.3%	24.1%
百貨店 3 社平均	25.3%	25.3%	25.2%	25.3%	25.1%
イオンリテール	27.3%	26.8%	27.7%	26.4%	26.4%
イトーヨーカ堂	30.2%	29.9%	28.6%	29.1%	29.6%
ユニー	24.1%	23.9%	23.7%	23.2%	23.4%
総合スーパー 3 社平均	27.2%	26.9%	26.7%	26.2%	26.5%
ライフコーポレーション	26.9%	27.3%	27.7%	27.9%	28.1%
ヨークベニマル	25.6%	25.6%	25.7%	25.8%	25.7%
食品スーパー 2 社平均	26.3%	26.5%	26.7%	26.9%	26.9%
セブン-イレブン	30.7%	31.4%	31.6%	31.8%	31.9%
ファミリーマート	27.7%	27.8%	27.7%	27.4%	27.5%
ローソン	31.0%	31.3%	31.3%	31.4%	31.3%
コンビニエンスストア 3 社平均	29.8%	30.2%	30.2%	30.2%	30.2%

（出所）　各社「決算資料」等を基に算出・作成.

　支払わなければならないため，売上総利益率を低くすると加盟店に残る実質売上総利益がさらに少なくなり，加盟店経営が苦しくなることから，売上総利益率を高めに設定していると考えられる.

　表6のコンビニエンスストアの売上総利益率は加盟店が本部にロイヤリティを支払う前の段階のものである．そこで，本部にロイヤリティを支払ったあとの加盟店に残る実質売上総利益率を計算したのが表7である.

　コンビニエンスストア加盟店が本部にロイヤリティを支払う前の当初売上総利益率は，4つの小売業態のなかで最も高かったが，本部にロイヤリティを支払ったあとの実質売上総利益率は，最も低くなった.

表7　小売業態の売上総利益率の比較 ②

	2013 年度	2014 年度	2015 年度	2016 年度	2017 年度
三越伊勢丹	27.0%	27.3%	27.4%	28.2%	28.2%
大丸松坂屋	23.8%	23.6%	23.5%	23.4%	23.0%
髙島屋	25.1%	25.0%	24.6%	24.3%	24.1%
百貨店 3 社平均	25.3%	25.3%	25.2%	25.3%	25.1%
イオンリテール	27.3%	26.8%	27.7%	26.4%	26.4%
イトーヨーカ堂	30.2%	29.9%	28.6%	29.1%	29.6%
ユニー	24.1%	23.9%	23.7%	23.2%	23.4%
総合スーパー 3 社平均	27.2%	26.9%	26.7%	26.2%	26.5%
ライフコーポレーション	26.9%	27.3%	27.7%	27.9%	28.1%
ヨークベニマル	25.6%	25.6%	25.7%	25.8%	25.7%
食品スーパー 2 社平均	26.3%	26.5%	26.7%	26.9%	26.9%
セブン-イレブン	15.0%	15.3%	15.3%	15.4%	15.7%
ファミリーマート	15.8%	16.0%	15.9%	16.1%	16.6%
ローソン	17.4%	18.0%	17.6%	17.6%	17.6%
コンビニエンスストア 3 社平均	16.1%	16.4%	16.3%	16.4%	16.6%

（注）　コンビニエンスストアは加盟店の実質売上総利益率.
（出所）　各社「決算資料」等を基に算出・作成.

　このことから，コンビニエンスストアは，他小売業態との価格競争力が小さく，価格競争に巻き込まれない戦略を採用する必要があることがわかる.

(2)　営業利益率の比較

　コンビニエンスストアは，加盟店が本部にロイヤリティを支払う前の売上総利益率である当初売上総利益率は 4 つの小売業態のなかで最も高かったが，本部にロイヤリティを支払ったあとの実質売上総利益率は最も低いことがわかった. コンビニエンスストア加盟店の実質売上総利益率が低くなった分は，本部の利益率に移っていると考えられる. そこで 4 つの小売業態の営業利益率を比

表8　小売業態の営業利益率の比較

	2013 年度	2014 年度	2015 年度	2016 年度	2017 年度
三越伊勢丹	3.4%	3.7%	3.6%	2.4%	2.7%
大丸松坂屋	2.9%	3.0%	3.9%	3.5%	－
髙島屋	1.6%	1.8%	1.6%	1.5%	1.8%
百貨店 3 社平均	2.6%	2.8%	3.0%	2.5%	2.3%
イオンリテール	1.3%	0.1%	0.2%	0.4%	0.5%
イトーヨーカ堂	0.9%	0.1%	-1.1%	0.0%	0.2%
ユニー	1.6%	1.4%	1.4%	1.9%	2.5%
総合スーパー 3 社平均	1.3%	0.5%	0.2%	0.8%	1.1%
ライフコーポレーション	1.3%	1.8%	2.0%	2.0%	1.8%
ヨークベニマル	3.3%	3.2%	3.2%	3.3%	2.1%
食品スーパー 2 社平均	2.3%	2.5%	2.6%	2.7%	2.0%
セブン-イレブン	31.3%	30.3%	29.6%	29.2%	28.7%
ファミリーマート	13.2%	11.3%	12.8%	9.0%	7.7%
ローソン	20.6%	19.3%	17.1%	16.1%	13.7%
コンビニエンスストア 3 社平均	21.7%	20.3%	19.8%	18.1%	16.7%

（出所）　各社「決算資料」等を基に算出・作成.

較したものが表 8 である.

　同表をみると，コンビニエンスストア本部の営業利益率が，4 つの小売業態のなかで最も高いことがわかる．百貨店，総合スーパー，食品スーパーの 3 つは，一般的にレギュラーチェーンとして経営されているが，コンビニエンスストアのみはフランチャイズチェーンとして経営されていることが，本部の営業利益率の高さに繋がっている[28].

おわりに

　本章では，百貨店，総合スーパー，食品スーパー，コンビニエンスストアの

4つの小売業態の売上総利益率の比較と，営業利益率の比較を通して，コンビニエンスストア加盟店の低収益性と，本部の高収益性を明らかにした．

コンビニエンスストア本部の高収益性は，製品・商標型フランチャイジングではなく，ビジネス・フォーマット型フランチャイジングを採用と，粗利益分配方式のロイヤリティシステムを採用の，この2点にあることも重要である．

日本流通学会関東甲信越部会で発表した際に，いくつかのご指摘とご意見を頂戴したが，その点について本章で触れることができなかったことを今後の課題とする．

1)　本章は，2018年3月10日に立教大学で開催された日本流通学会関東甲信越部会において発表した「コンビニエンスストア加盟店の低収益性」を基に執筆している．また著者のコンビニエンスストアに関する3本の拙稿も参考にしている．

2)　個々の小売企業，または，本章で取り上げるコンビニエンスストア業界といったように，売上高を伸ばしている企業そして業界はあるが，小売業界全体としては停滞している．

3)　既存店とは，開業後，満1年以上経過した店舗をいう．学校法人中内学園　流通科学大学編（2016），57ページ．

4)　コンビニエンスストアは，震災直後において他の小売商店よりも優先的にさまざまな商品供給を受けることができた．

5)　河田（2006）「コンビニエンスストアにおける価格問題」，5ページ．HOR SPARを展開していたカスミコンビニエンスネットワークは，1996年に加盟店店主や元店主などから訴訟を起こされて裁判で争ったが和解している．ただし同社は業績が悪化したことにより，2001年にココストアに買収された．川辺（2010），405-406ページ．

6)　一般社団法人　日本フランチャイズチェーン協会編（2017），24ページ．

7)　「フランチャイザー」そして「フランチャイジー」という呼び名が長いことから，前者を「ザー」，後者を「ジー」と省略して使う文献等がある．

8)　一般社団法人　日本フランチャイズチェーン協会編（2017），29-30ページ．同書では，この3つ以外にも，4）ターン・キー型フランチャイジング，5）エリアフランチャイジング，6）マスターフランチャイジング，7）サブフランチャイジング，の7つに分類している．しかしながら，4）は2）の一形態であること，そして5）から7）は本部から特別な権利を得るかたちのフランチャイジングである

ことから除外した.

9) 自動車ディーラーをいう. トヨタでいえば,「トヨタ店」「トヨペット店」「カローラ店」「ネッツトヨタ店」などである.

10) 「ENEOS」「Esso」「Mobil」「ゼネラル」「出光興産」「昭和シェル石油」などのガソリンスタンドである.

11) 清涼飲料の原液を提供する日本コカ・コーラのボトラー事業が代表的なものである.

12) 一般社団法人 日本フランチャイズチェーン協会では, 製品・商標型フランチャイジングは, フランチャイズと呼んでいないことから, 同協会の統計データには, 同型フランチャイジングの数値は含まれていない.

13) 日本では, アパホテル, サンルート, スーパーホテル, ワシントンホテルなどが直営だけでなくフランチャイズ展開も行っている.

14) 住宅会社, 学習塾（予備校）, などにおいても利用されている.

15) 日本フランチャイズチェーン協会HP（2018年12月25日参照）.

16) 業界全体では, 一般的に「スーパーバイザー（経営指導員）」と呼んでいるが, セブン-イレブン・ジャパンでは「オペレーション・フィールド・カウンセラー（略してOFC）」と呼んでいる.

17) 「粗利分配方式」と表記する文献もある.

18) 一般社団法人東京都中小企業診断士協会認定 フランチャイズ研究会編（2017）. 他に広告宣伝費を別枠で, 売上高の◇%として徴収しているチェーンもある.

19) 同上書.

20) 本部は新規出店用の土地を購入する場合もあれば, 借りる場合もある. 出店後の売上状況や商圏の変化ということを考慮するならば, 本部が出店用の土地を借りたほうが有利である. また土地を購入すると初期投資額が大きくなるというデメリットがあるからである. 総合スーパーの出店においても, 土地を購入することから, 借りるかたちでの出店が多くなった. 懸田（2016）, 108ページ.

21) ファミリーマートは「平均日販」でなく,「平均日商」と呼んでいる.

22) ファミリーマートのロイヤリティ率は月間営業総利益に対する割合, そしてローソンは月間総粗利益高に対する割合であるが, 会計基準では売上総利益という言葉が使用されていることから, ここでは月間売上総利益と表記する.

23) セブン-イレブンの2017年度の平均日販は65万3,000円, 粗利益率は31.9%である. これを基に1ヵ月間を30日として計算する.

　　月間売上高：65万3,000円×30日＝1,959万円

　　月間売上総利益：1,959万円×31.9％＝624万9,210円

　　250万円以下の部分に対するロイヤリティ：250万円×53％＝132万5,000円

　　250万円を超えて400万円以下の部分に対するロイヤリティ：150万円×63％＝

94 万 5,000 円

400 万円を超えて 550 万円以下の部分に対するロイヤリティ：150 万円× 68% = 102 万円

550 万円を超える部分のロイヤリティ：74 万 9,210 円× 73% = 54 万 6,923 円

ロイヤリティ合計：132 万 5,000 円 + 94 万 5,000 円 + 102 万円 + 54 万 6,923 円 = 383 万 6,923 円

24)　「実質売上総利益」という言葉は，河田（2006），「粗利益分配方式のロイヤルティーシステムがコンビニエンスストア経営におよぼした影響」（32 ページ）から使い始めた．

25)　当時の状況については，河田（2006），「コンビニエンスストアにおける価格問題」を参照．

26)　2018 年 3 月 10 日に立教大学で開催された日本流通学会関東甲信越部会において発表した際には，食品スーパーにバローを加えて，各小売業態 3 社ずつで比較していた．しかしながらバローの 2017 年度決算の数値において，単体の売上総利益率と営業利益率を把握することができなかったことから，バローを外して食品スーパーは 2 社とした．

27)　コンビニエンスストアでも，雑誌や新聞は委託仕入で仕入れている．

28)　2018 年 3 月 10 日に立教大学で開催された日本流通学会関東甲信越部会において発表した際に，レギュラーチェーンとフランチャイズチェーンの営業利益率を比較しても意味がないとのご意見を頂戴した．確かにその通りであるが，本章はコンビニエンスストア加盟店の低収益性を明らかにすることを目的としていることから，あえて同表を記載している．

参 考 文 献

一般社団法人東京都中小企業診断士協会認定　フランチャイズ研究会編『FC チェーン収支モデル比較ハンドブック』，一般社団法人東京都中小企業診断士協会認定フランチャイズ研究会，2017 年

一般社団法人　日本フランチャイズチェーン協会編『新版　よくわかる！　フランチャイズ入門』，同友館，2016 年

一般社団法人　日本フランチャイズチェーン協会編『改訂版　フランチャイズ・ハンドブック』，商業界，2017 年

懸田豊「第 7 章　小売業の業態別イノベーション」，懸田豊・住谷宏編『現代の小売流通（第 2 版）』，中央経済社，2016 年，103-128 ページ．

学校法人中内学園　流通科学大学編『小売・流通用語集〜流通業界で働く方必携〜』2016 年

河田賢一「コンビニエンスストアにおける価格問題―500MLペットボトル清涼飲料の値下げを通しての考察―」,神奈川大学経済学研究科編『研究論集』第41号,2006年2月,1-102ページ

河田賢一「粗利益分配方式のロイヤルティーシステムがコンビニエンスストア経営におよぼした影響」,神奈川大学経済学研究科編『研究論集』第42号,2006年9月,21-49ページ

河田賢一「コンビニエンスストアを成長・発展させた粗利益分配方式のロイヤルティシステムとインセンティブ説の考察」,神奈川大学経済学会編『商経論叢』第48巻第4号,2013年,51-66ページ

川辺信雄「コンビニFCシステムにおける本部対加盟店の軋轢と調整―その歴史的考察―」,早稲田商学同好会編『早稲田商学』第423号,2010年,381-443ページ

金顕哲『コンビニエンス・ストア業態の革新』,有斐閣,2001年

財団法人流通システム開発センター編『改訂 フランチャイズ・システム―運営・加盟の手引き―』,大成出版社,1985年

各社「加盟店募集案内」

各社「決算資料」

日本フランチャイズチェーン協会HP

第6章 1990年代半ば以降のイギリスの食料消費の変化とレディ・ミールの多様化
——購買への規定性を強める大規模食品小売業者に関する一考察——

金　度　渕

は じ め に

1980年代以降のイギリスの食料消費の変化は，加工された食品やインスタント食品といった簡便食品が多く消費されたことであった．その理由として，消費者の生活環境の変化，いわゆる，女性の就業化の高まりや単身世帯の増加，共働きの増加，さらにはそれらによる食事時間の短縮などが生じたことなどで簡便食品の消費が増大した．一方，1980年代中ごろから大規模な食品小売業者は，レディ・ミールといった小売ブランド商品（PB商品）の開発を活発に行い，調理済みで簡単に食すことが可能な食品の提供を活性化したことで，食料消費はますます簡便化の傾向を強くした（図1の注3）．

しかしながら2000年代に近づくにつれ，イギリスの食料消費は，食生活の簡便化を前提に，とくに健康志向に重点がおかれるといった変化があった[1]．また，所得の格差が食料消費に対してどのような影響を及ぼすのかについても検討を行った[2]のだが，これらの傾向を少し長いスパンで把握し，1990年代以降から近年までの食料消費の変化をまとめ，近年，その変化に対して小売業者がどう対応してきたのかをここで検討したい．つまり図1の注4のように，1990年代以降も，それ以前のような簡便化志向が続いたのかどうか，1990年代半ば以降から近年にいたるイギリスの食料消費の変化を明らかにする．

図1　イギリスの食料消費の変遷

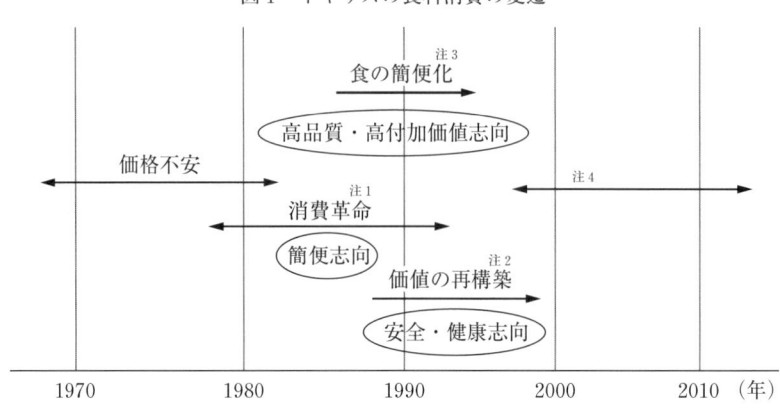

（注）　1. Ritson, C. and Hutchins, R. (1991) が示した図は，1980 年代までである.
　　　　2. Burt, S. and Sparks, L. (1999) は，上記の Ritson と Hutchins (1991) の図に，新た
　　　　　　に 1990 年代を「価値の再構築？〔Reorientation on Value?〕」と追記している (p. 94).
　　　　3. 金度渕（2012）の結論.
　　　　4. 今回のテーマ.
（出所）　Ritson, C. and Hutchins, R. (1991), p. 36. の一部を加筆・修正.

　ただし，これまで消費者側の変化として検討してきた[3]，女性の就業率の変
化や単身世帯の変化などといった，消費環境の分析については紙幅の関係上，
別稿で取り扱う．本章では食料消費についてレディ・ミール消費への影響要因
を中心に探り，小売業者らによるレディ・ミールのシェア変化と加工食品など
が販売される業態のシェア変化などを資料 Euromonitor から検討することに
なる．それらにより，レディ・ミールの消費傾向を探りつつ，小売業者によっ
て消費者の買い物が強く影響を受けるという，いわゆる購買への規定性を探る
こととする．

1．世帯平均支出額の変化と物価上昇

　図2はイギリスの経済指数として，可処分所得と消費支出額をあらわしてい
る．また，世帯平均の食品支出額を 1974 年からのデータを用いてあらわして
いるが，2008 年には支出額は 1 週間平均額で 70 ポンド強になっている．参考

図2　イギリスの経済指数の変化と主な世帯平均支出額の推移

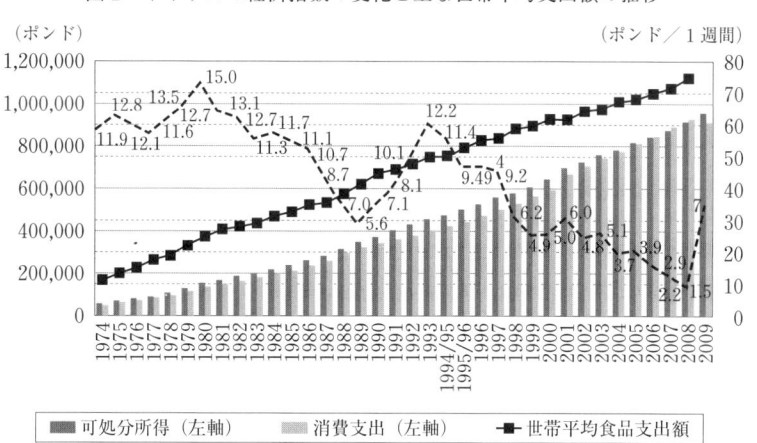

| ■■■ 可処分所得（左軸）　　■■■ 消費支出（左軸）　　■■■ 世帯平均食品支出額 |

（注）　貯蓄率の数値は HMSO の算出値である．また，貯蓄率のグラフはあくまで傾向を
　　　把握するために全体のグラフに重ね合わせたものである．
（出所）　Central Statistical Office, *United Kingdom national accounts* (No. 1984-1997), London,
　　　HMSO, Central Statistical Office, *Annual Abstract of Statistics* (No. 120-142, 146), London,
　　　HMSO より筆者作成．

までに，貯蓄率のデータを重ね合わせているが，1980年代後半に大きく貯蓄
率が減少して回復に向かうが，再び2008年までに落ち込み，2008年時点で
1.5ポイントになっている．貯蓄の割合が減少した要因について詳しくは今後
の課題となるが，食品の支出額が特に減少がないことを前提にすると，次の物
価上昇率との関係性は深いものと判断している．

　これまでイギリスの食品に関わる物価上昇は幾度となく生じ，近年では
2007年の物価上昇が最も高い水準で行われたことを *Family Food* では取り上
げており，その点についてはすでに指摘した[4]．ただ既存研究では2007年か
ら2008年にかけての上昇率を上げただけであったので，ここではその後どの
ような傾向を辿ったのかを確認しておく．

　表1は2007年から2015年までの物価上昇率をあらわしている．食品全般で
は32％の上昇率をみせ，なかでも高い割合を示したのは牛肉，ラム肉，バタ
ーなどであり，多くの食材において20％強の増加がみられた．そのことも影

表1　2007年から2015年までの物価上昇率と全世帯購入量の変化

物価上昇率 (%)	全世帯購入量		物価上昇率 (%)	全世帯購入量
食品全般	+32	-7.2	たまご	+19	17.8
パン	+17	-19.7	ミルク	+13	-7.9
穀物	+38	5.6	ティー	+32	-20.7
ビスケットとケーキ	+45	-1.0	コーヒーとホットドリンク	+36	-5.9
牛肉	+55	-18.7	ソフトドリンク	+29	-9.2
ラム肉	+58	-36.8	砂糖と保存類	+12	-15.3
豚肉	+46	-7.0	お菓子＆チョコレート	+46	2.9
ベーコン	+17	-6.6	ジャガイモ	+36	-20.0
家禽肉	+20	-8.1	野菜	+17	-3.3
魚	+41	-11.5	フルーツ	+40	-14.7
バター	+71	2.5	そのうち新鮮なフルーツ	+35	-9.6
チーズ	+35	-5.3	アルコール類	+29	-12.2

（出所）　National Statistics, *Family Food Survey 2015*, London：TSO, p. 14.

響し、全世帯での購入量はほとんどの食品でマイナスであり、23種類の食品のうち、9品目において10ポイント以上の購入量の減少があった。これだけの品目で物価が上昇し、全体購入量が減少していることからすれば、多くの部面で消費者の購買に影響があったものと判断できる。

ところが、JETROが取り上げている表2をみると、イギリス国内ではオーガニック製品だけでなく、地元生産品それぞれ46%、33%の増加が2011年時点で予測され、それぞれ33億ポンド、57億ポンドが試算されている。また、いわゆる大規模小売チェーンなどのプレミアム小売プランド商品は47%の増加が予測され、79億ポンドが試算されており、小売業者の提供する小売プランド商品の増加額を25億ポンドと見積もっていた。このことからも明らかな

表 2　高付加価値食品の市場規模と予測（2007，2012 年）

高付加価値食品	2007 年 （100 万ポンド）	2012 年 （100 万ポンド）	増加率 （2012/2007 年）	増加額 （100 万ポンド）
オーガニック	2,300	3,350	46	1,050
地元生産品	4,300	5,700	33	1,400
小売チェーンの プレミアム小売 ブランド商品	5,400	7,935	47	2,535
プレミアム ブランド商品	1,950	2,555	31	605

（原典）　IGD Research.
（出所）　JETRO「平成 22 年度　英国における日本食品市場調査」日本貿易振興機構，2011 年，
　　　　20 ページより一部抜粋.

のは，イギリスの小売業者の市場支配力が高いだけでなく，ますます市場が拡大していくことを想定している点であり，大規模小売業者による消費者への影響力はますます高まっていくということにある．そのことはあとで確認するEuromonitor のデータとリンクすることになるが，それは物価上昇率が高まっているなかでもレディ・ミールの消費量は必ずしも減少傾向を辿っていない点がポイントとなる．

2．食品別にみる消費量の変化

前節ではイギリスの食品物価上昇率の傾向を確認したが，ここからは食品別に消費量の変化を検討する．物価上昇率が影響してきたのかもあわせて確認したい．

まず，1974 年以降から 2016 年までの統計データを参考に，消費量が減少した食品からみていく．図 3 は，消費量が減少した食品をピックアップしているが，パンや生肉，そして生野菜などがおよそ半分程度に減少していることがわかる．また，ジャガイモは 10 分の 1 程度にまで減少している．そして，ベーコンやソーセージ類は，未調理のものが大きく減少しており，白身魚において

図3　消費量が減少した主な食品（1 週間 1 人あたりの平均グラム数）

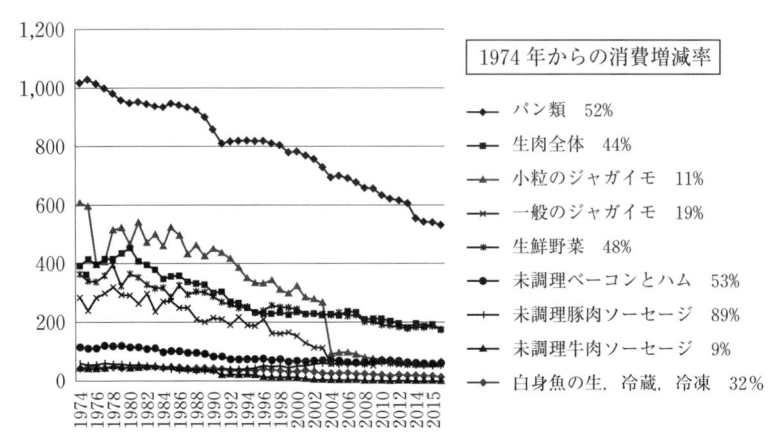

1974 年からの消費増減率

- パン類　52%
- 生肉全体　44%
- 小粒のジャガイモ　11%
- 一般のジャガイモ　19%
- 生鮮野菜　48%
- 未調理ベーコンとハム　53%
- 未調理豚肉ソーセージ　89%
- 未調理牛肉ソーセージ　9%
- 白身魚の生，冷蔵，冷凍 32%

（出所）　National Statistics, *Family Food Survey 2016/17* デジタル版より筆者作成，増減率算出．

さえも調理がされていないものは大きく減少している．これまでの研究におい
て既述の図 1 の注 3 のように 1980 年代以降に加工や調理がされていない食品
は減少傾向にあったと指摘してきたが，2000 年以降にも大きく減少する食品
もみられ，加工や調理がされていない食品は多くが消費量を減少させてきた．

　他方，消費量が増大した食品はどのような傾向であったのか．図 4 から順に
確認する．

　横ばいもしくは増大傾向にある食品をあげているが，消費増減率に示され
ているように，調理済みベーコンや冷凍・非冷凍ミートパイなどがおよそ 1.6
倍に増大している．また，図では少しみづらいが，フルーツも，何らかの手が
加えられた加工製品の需要が高まっている．

　ところが，統計データを詳しくみると，図 5 のように消費量が著しく増大し
た食品があった．それは加工済みジャガイモや簡便シリアル食品などである
が，なかでも野菜製品レディ・ミールや肉製品類のレディ・ミールは 6 ～ 7 倍
も消費量が増大しているのがわかる．また，既述の図 2 ではおよそ半分にまで
減少していたパン類に代わり，ライスが 5 倍に増大しており，JETRO が指摘

図 4　主な簡便食品の消費量の変化（1 週間 1 人あたりの平均グラム数）

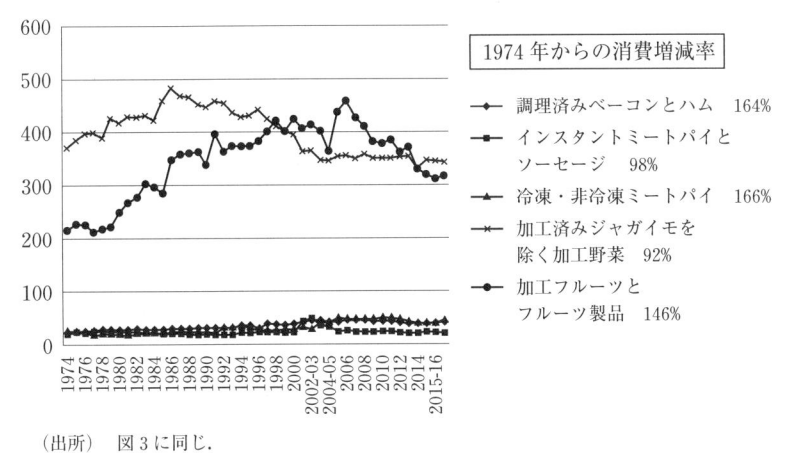

（出所）　図 3 に同じ.

図 5　消費量の変化が大きかった主な簡便食品（1 週間 1 人あたりの平均グラム数）

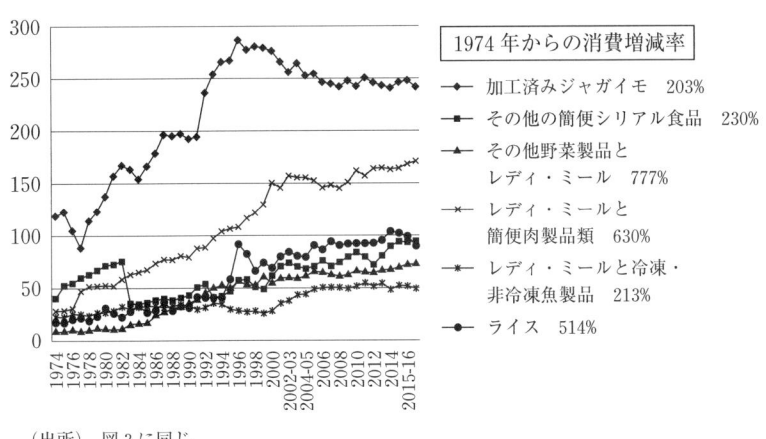

（出所）　図 3 に同じ.

している日本食ブーム[5]などの影響の結果であるようにも思われる.

　では，その他，特徴的な食品についての消費傾向をピックアップしておく.
まず，ソフトドリンクについてである．図 6 のように 1992 年からの傾向をみ

図6　ソフトドリンクの消費量の変化（1週間1人あたりの平均 ml ）

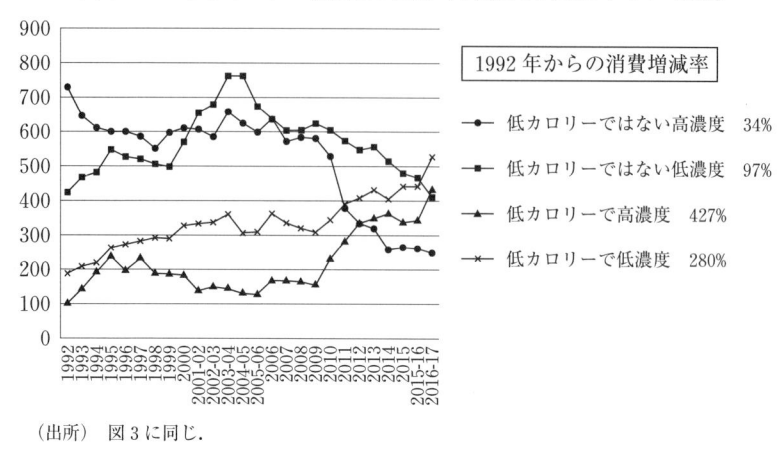

（出所）　図3に同じ.

ると，低カロリーかどうか，また高濃度かどうかが統計でのカテゴリーになっており，低カロリーでないものは横ばいか減少に，低カロリーなソフトドリンクはいずれも大きく増大しており，近年においては低カロリーでないものを逆転するまでにいたっている．とりわけ，低カロリーで高濃度は4.2倍に増えており，健康への意識の高まりがあるものと思われる．

　次に図7のように，パスタ類であるが，*Family Food* の統計データがまとめているのはこの2つの種類であり，乾燥および生パスタについては1998年よりデータ集計が始まっている．興味深いことは，缶詰パスタが長く愛用されてきたようにみうけられる半面，乾燥および生パスタが急激に増大してきたことであるが，日本でも需要が拡大している，いわば別売りのパスタソースが大きく需要を伸ばした結果からではないかと推察する．この点については今後の課題となる．

　このように，1980年代以降の食生活の簡便化傾向は1990年代以降も続いていることが確認できたのだが，とくに2000年代以降に著しく消費量が増大するカテゴリーは，レディ・ミール食品か健康を重視した食品が急激に増えた点が特徴としてあげられる．それは既存研究でも明らかにしてきたように[6]，ヘ

図7　パスタ類の消費量の変化（1週間1人あたりの平均グラム数）

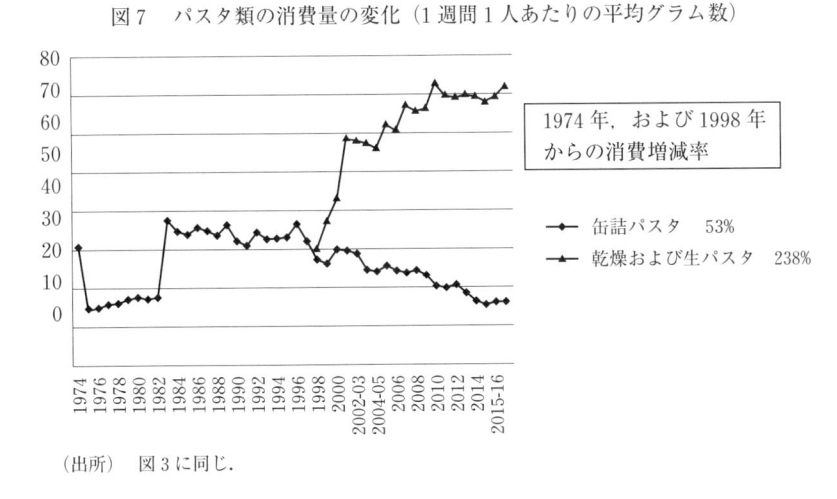

（出所）　図3に同じ．

ルシーフードに関わった小売業者の取り組みも影響を与えたものとして考えられるが，これらをもとに，加工食品はどのような傾向にあるのか，次節で検討する．

3．加工食品の企業別シェアの変化

前節で *Family Food Survey* が示した食品の消費量の傾向は，食生活の簡便化を前提にした健康志向化の特徴を確認できるデータであった．ここでは Euromonitor が示す食品の流通動向を確認する．

まずマーケットシェアを確認しておく．表3は Nielsen のデータを利用して Retail gazette が公開した2018年現在のマーケットシェアである．上位5社，すなわち，テスコ社，セインズベリー社，アズダ社，モリソンズ社，アルディ社の合計がおよそ75％に達しており，6位のリドル社を合わせると80％を超えている．日本の状況とは大きく異なっているだけでなく，上位3社だけでも55％を超えており，上位企業らによる市場支配力は強い．

次に表4は，加工食品の企業別シェアを売上高ベースであらわしたものである．企業名の横にはそれが小売業なのか，食品加工業なのか，あるいはメーカ

表3　イギリス食品小売業者のマーケットシェア（2018年）

企業名	2018年4月21日までの 12週間分のマーケットシェア（％）
Tesco	27.1
Sainsbury	14.9
Asda	13.9
Morrisons	9.9
Aldi	8.6
Lidl	5.6
Co-operative	4.9
Waitrose	4.3
Marks & Spencer	3.2
ICELAND	2.3

（原典）　Nielsen's data.
（出所）　https://www.retailgazette.co.uk/blog/2018/05/market-share-data-
confirms-sainsburys-asda-merger-could-end-tescos-monopoly/（アクセス
日：2018年12月24日）

ーなのかを表記しておいた．既述のように，イギリスは食品小売の環境に限定
していうならば，上位企業への集中度が他のヨーロッパ諸国よりも高く，それ
ゆえに市場の寡占状況が長く続いてきた歴史がある．ただ，この表からわかる
ことは，食品加工業や菓子メーカーがシェアの割合は低いとしても上位にラン
クインしている．この企業シェアに関する実際のデータをすべてここに記すこ
とは紙幅の関係上できないが，加工食品の提供企業はここに上がっていない企
業数だけで25を超える．イギリストップのテスコ社でさえも10％に満たない
数値であり，加工食品に限っては品揃えの確保や流通量の多さもあってこのよ
うな状況になっているものと考えられる．

　ところが，表5のように，ブランドシェアを確認すると状況が変わる．表5
にあるように，小売業上位5社が加工食品のブランドシェアを獲得しており，
6位以降は各メーカーが並んでいる．ただし，実際の上位5社を合計しても25

表 4　加工食品の企業別シェア（売上高ベース，%）

企　業	2013 年	2014 年	2015 年	2016 年	2017 年
Tesco Plc（小売）	9.1	9.1	9.0	9.0	9.0
J Sainsbury Plc（小売）	6.2	6.3	6.3	6.3	6.3
Asda Group Ltd（小売）	5.1	5.1	5.0	5.0	5.0
Mondelez UK Ltd（食品加工業）	4.2	4.2	4.2	4.4	4.4
Mars Food UK Ltd（食品加工業）	3.3	3.2	3.2	3.2	3.1
Wm Morrison Supermarkets Plc（小売）	3.0	2.9	2.9	2.9	2.9
Walkers Snack Foods Ltd（菓子メーカー）	2.4	2.4	2.4	2.3	2.3
Nestle UK Ltd（食品加工業）	2.1	2.0	2.0	2.0	1.9
Marks & Spencer Plc（小売）	1.6	1.7	1.7	1.8	1.8

（原典）　公式統計，商業組合，業界誌，企業調査，店舗確認，取引インタビュー，取引元から集約した Euromonitor International のデータより．
（出所）　Euromonitor International *Ready Meals* ～ *UK* (CD-ROM), 2017 November より筆者作成．

表 5　加工食品のブランドシェア（売上高ベース，%）

ブランド名	2014 年	2015 年	2016 年	2017 年
Tesco（Private Label）	9.0	8.9	8.9	8.9
Sainsbury's（Private Label）	6.2	6.2	6.2	6.2
Asda（Private Label）	5.1	5.0	5.0	5.0
Morrisons（Private Label）	2.9	2.9	2.9	2.8
Marks & Spencer（Private Label）	1.7	1.7	1.8	1.8
Heinz（Kraft Heinz Co）	－	1.5	1.5	1.4
Walkers（Pepsi Co Inc）	1.4	1.3	1.3	1.3
Cadbury Dairy Milk（Mondelez International Inc）	1.2	1.2	1.2	1.2
Warburtons	1.2	1.2	1.1	1.0
Birds Eye（Nomad Foods Ltd）	－	1.0	0.9	0.9

（出所）　表 4 に同じ．

％に満たず，全体の4分の1程度のシェアとなっていることも確認できる．この加工食品のブランドシェアは，メーカー単体で確認してもほとんどが各社2％に満たないものであり，既述のように，このほか20以上ものメーカーや小売ブランドが1％前後でデータには含まれているがこの部分も省略した[7].

このように加工食品市場の食品流通の現状をみると，およそ25％程度が上位5社の小売ブランドが占めており，1社独走というよりもむしろ，小売ブランドが加工食品ブランドを牽引しつつ，メーカー各社とのサプライチェーンを構築しているものと把握できる．では，レディ・ミール市場だけでみるとどのような状況なのか，次に確認する．

4．レディ・ミールによる購買への規定性

これまで，加工食品の企業別のシェアを確認したが，それは必ずしも，上位企業への集中という状況ではなかった．では，レディ・ミールはどうであるのか．ここでは，レディ・ミールを提供する小売業者によって消費者の買い物が強く影響を受けるという，いわゆる購買への規定性も合わせて確認したい．

まず図8は，カテゴリー別にみたレディ・ミールの販売量である．レディ・ミール全体量からみた場合，大きく減少しているのは常温レディ・ミールと乾燥レディ・ミールである．一方，冷蔵ピザやディナーミックス，そして惣菜サラダの販売量が増大している．惣菜サラダについてはすでにこれまでの研究[8]でも明らかにしているが，近年，イギリスのスーパーではカロリー別に陳列した加工済みサラダ類（惣菜）の需要が高まっており，手にとりやすいかたちで提供されていることが影響しているものと考えられる．

次に，表6のように，レディ・ミールの企業別シェアを確認する．先ほどの加工食品とは異なり，売上高ベースで小売業者上位5社に集中していることが確認できる．あえて合計数値を記しておいたが，小売業者だけで57％近くのシェアをレディ・ミールのカテゴリーで確保していることが確認できる．すでに確認してきたが，物価の上昇が続いてきたなか，JETRO の指摘にもあったように，小売業者の小売ブランドによる市場の寡占状態がこのレディ・ミール

図8　カテゴリー別レディ・ミールの販売量

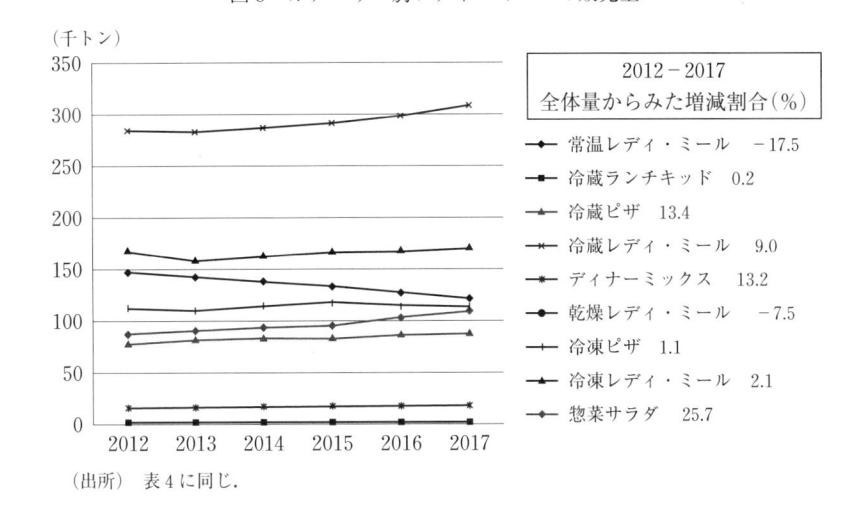

（出所）　表4に同じ.

表6　レディ・ミールの企業シェア（売上高ベース, %）

順位	企業名	2013年	2014年	2015年	2016年	2017年
1	Tesco Plc	18.6	18.2	18.0	18.1	18.2
2	J Sainsbury Plc	11.5	11.6	11.7	11.7	11.6
3	Marks & Spencer Plc	10.5	11.1	11.2	11.5	11.5
4	Asda Group Ltd	10.8	10.7	10.7	10.7	10.7
5	Wm Morrison Supermarkets Plc	5.3	5.2	5.1	5.1	5.0
	Total	56.7	56.8	56.7	57.1	57.0
6	Heinz Co Ltd, HJ（メーカー）	5.8	5.4	5.0	4.7	4.5
7	Dr Oetker Ltd（メーカー）	4.2	4.1	4.1	3.9	3.7

（出所）　表4に同じ.

表7　レディ・ミールの業態別流通量（売上高ベース，％）

業　態	2012 年	2013 年	2014 年	2015 年	2016 年	2017 年
店舗ベース小売業	95.5	95.1	95	94.7	94.3	93.7
インターネット小売業	4.5	4.9	5.1	5.3	5.7	6.3
店舗ベース小売業詳細						
コンビニエンスストア	5.1	5.2	5.3	5.3	5.4	5.4
ディスカウンター	12.4	14.9	15.3	15.5	15.5	15.8
ガソリンスタンド 併設型小売業	0.3	0.3	0.2	0.2	0.2	0.1
ハイパーマーケット	41.2	39.8	39.6	39.2	39	38.3
スーパーマーケット	33.1	31.6	31.3	31.1	30.9	30.5
独立店	1.5	1.4	1.3	1.3	1.3	1.3
その他	1.8	1.9	1.9	2	2.1	2.2

（出所）　表4に同じ。

にあらわれているのである．

　さらに表7はレディ・ミールの業態別の流通量を％であらわしている．店舗ベース小売業は94％程度が利用されており，インターネットを介した小売業を通して流通されるのが6％前後である．興味深いのは，先ほどの小売業上位5社は，この表のなかでも80％近い流通量を担当することになる．つまり，多様な業態を展開するイギリスの食品小売業者が多くの流通量を担当しているという状況は，多くの消費者に商品を提供し，イギリスの消費者が利用するお店の多くで，上位5社のレディ・ミールを購入する「きっかけ」ができているということになる．その意味において，われわれの商品に対する購買のきっかけを「購買への規定性」ということができれば，その購買への規定性はイギリスの例においては強い水準にあるということがここで確認できよう．小売ブランド商品は店舗選択（あるいは業態選択）にまでおよぶ，消費者の購買への規定性を高めるきっかけをもたらす戦略であるといえる．

おわりに

2018 年，業界第 2 位のセインズベリーと 3 位のアズダが合併をするというニュースが入り[9]，イギリス食品業界は今後どのような変化が生じていくのか，興味深い点である．消費者が食品を購買するきっかけを本章では購買への規定性と述べたが，その購買への規定性はイギリスのような上位企業の集中によってますます強固なものとなりうる．

ただし，既存の研究でも示した[10]が，日本においては小売業者による消費者への購買規定性はまだ弱い[11]．それは，イギリスのようにレディ・ミールなどでも商品種類のカテゴリー化が確立されていないことで，① 各スーパーがバラバラな商品提案をしているという状況と，② 日本の小売環境のように中小規模のスーパーが多く存在している状況では小売ブランド商品のカテゴライズは困難となるばかりか，それ以上に ③ 小売ブランド商品に対する消費者の認識も必ずしも高くないということ，さらには ④ NB 商品が圧倒的に支持を得ているカテゴリーや地域ブランドの展開のばらつきなどがあることで，その意味において購買への規定性は日本の食品業界においては当てはまらない可能性もある．

しかしながら，小売業に対するメーカーのいわば必須要件には，近年，とくに，商品棚をめぐる小売業との攻防やかけひきが激しく続いている状況，さらには小売ブランド商品の開発をめぐるサプライチェーン構築という難題がある．それゆえ，ますます多様化が増していく消費者の購買行動に対し，直結する条件が厳しくつきつけられる状況がメーカーにも続いているため，日本においても購買への規定性は間接的ではあるにしろ，ますます作用する状況がつくられていく可能性がある．

1990 年代以降のイギリスにおける食料消費の変化は，多様化するレディ・ミールの消費を前提にし，簡便化と健康志向化が並行して続いてきた．そのことは大規模食品小売業者らによる強力な商品開発力と市場支配力によって助長され，促されたといってよい．購買への規定性の強まりは，それらが必要条件

となるからである．

謝辞　本研究で用いた Euromonitor International の資料は，「2018 年度大阪商業大学
　　　特別研究図書」の採択によって入手できた資料である．ここに感謝を述べる次第
　　　である．

1)　金（2015）．
2)　金（2016）．
3)　金（2012）．
4)　金（2016），335 ページ．
5)　JETRO（2011），28 ページ．
6)　金（2015），81 ページ．
7)　本章では取り上げていないが，データ上で 45％を示しているデータがあり，そ
　　の表記は「others」となっている．これについて現段階では確認できないため，今
　　後の課題となる．
8)　金（2015），85 ページ．
9)　https://www.bbc.com/news/business-46538136?intlink_from_url=https://www.
　　bbc.com/news/topics/cn54ndxy92yt/sainsburys-asda-merger&link_location=live-
　　reporting-story（アクセス日：2018 年 12 月 22 日）
10)　金（2017），213 ページ．
11)　木立（2010），4 ページ．

参 考 文 献

木立真直「日本における PB の展開方向と食品メーカーの対応課題」『食品企業財務
　動向調査報告書』，2010 年，pdf 版
金 度渕『現代イギリス小売流通の研究―消費者の世帯構造変化と大規模小売業者の
　市場行動』，同文館出版，2012 年
金 度渕「イギリスにおけるヘルシーフードの動態と大規模小売業の取り組み― 1980
　年代から近年に至る食料消費分析を中心に」，佐久間英俊・木立真直編著『流通・
　都市の理論と動態（中央大学企業研究所研究叢書 36）』，中央大学出版部，2015 年，
　77-93 ページ
金 度渕「イギリスにおけるヘルシーフードの展開と食料消費構造の変化―レディミ
　ールの消費動向と所得水準別消費傾向の変化を中心に」，『経営経理研究（小原博教

授古希記念号)』第106号，拓殖大学経営経理研究所，2016年，319 349ページ

金 度渕「小売ブランド商品研究の歴史的変遷─小売ブランド論の現代的意義」，木立
　真直・佐久間英俊・吉村純一『流通経済の動態と理論展開』，同文館出版，2017年，
　208-225ページ

JETRO「平成22年度 英国における日本食品市場調査」，日本貿易振興機構，2011年

Andrew, S. and Geoffrey, R., *The grocers : the rise and rise of the supermarket chains*, 3rd
　ed. Kogan Page, 2011

Beardsell, M. L. and Dale, B. G., "The relevance of total quality management in the food
　supply and Distribution industry: a study", in *British Food Journal*, Vol. 101 (3), 1999,
　pp. 190-200

Burt, S., "The strategic role of retail brands in British grocery retailing", in *European
　Journal of Marketing*, Vol. 34 (8), 2000, pp. 875-890

Burt, S. and Sparks, L., "Structural change in grocery retailing in Great Britain: a
　discount reorientation?", in *Post 1945: retail revolutions-The retailing industry (Tauris
　industrial histories) Volume. 3*, ed., Benson, J. and Shaw, G., St Martin's press, GB,
　1999, pp. 93-113

Central Statistical Office, *Annual Abstract of Statistics* (No. 120-142, 146), London,
　HMSO

Central Statistical Office, *Family Spending: a report on the family expenditure survey* (No.
　1995-1999-2000), London, HMSO

Central Statistical Office, *United Kingdom national accounts* (No. 1994-1997), London,
　HMSO

Euromonitor International *Ready Meals-UK*(CD-ROM), 2017 November

Kervenoael. R., Hallsworth. A., Clarke. I., "Macro-level change and micro level effects :
　A twenty-year perspective on changing grocery shopping behaviour in Britain", in
　Journal of Retailing and Consumer Services, 13, 2006, pp. 381-392

National Statistics, *Family Food Survey 2002, 2005, 2008, 2011, 2013, 2015* pdf版

National Statistics, *Family Food Survey 2012, 2014, 2016/17* デジタル版

Office of Population Censuses and Surveys, *Living in Britain: results from the General
　household survey* (No. 1994, 1995, 1998, 2001), London, HMSO

第7章　日本における食生活の変遷と新たなトレンド
──食の外部化と中食行動の特性──

木　立　真　直

は じ め に

　日本における食生活の現代的トレンドは，いかなるものとして捉えられるのであろうか．本章では，その主要な局面である食の外部化，とくに中食行動の広がりについて一次的・総説的な考察を行う．

　ここで食の外部化とくに中食を取り上げる理由は次のようである．1つに，日本の食市場において中食市場は数少ない成長市場だという点である．2つに，より重要な点として，冒頭述べたように人口減や高齢化，単身化，女性の就業化といった日本社会の構造変化と密接に関連して中食が現代的食生活モードとして位置づけられると考えられるからである．この中食行動の広がりをめぐっては，相対立する肯定的な評価と否定的な評価とがある．しかしながら，それらの評価が中食の実像を十分に把握した上でなされているかというと，必ずしもそうではないであろう．まずは，中食の実像について正確に捉え，その上で食生活様式の視点から客観的に分析することが課題となる．

　食生活様式の視角から考察するとき，第1に，食事という食の直接的な過程を対象に，何を食べるのかという食品・料理に目を向ける必要がある．しかし同時に，第2に，献立計画，食材購入，調理，配膳，食事，さらに食後の後片付け・廃棄にいたる食プロセスの全体を視野に入れることが求められる．このとき，世帯構造の変化や食事に関する家事労働の問題が取り上げられることに

なる．第3に，食生活を取り巻く食の供給条件について視野に入れなければならない[1]．しかし，データの制約が大きいことはいうまでもない．ここでは断片的な考察を行うにとどまるゆえんである．

考察は以下の手順で行いたい．最初に，食生活研究の独自の特徴に簡単に触れたあと，戦後から近年までの量的充足を実現するにいたる日本の食生活の変遷過程を辿る．その上で，いわゆる成熟期における食の外部化の現状とその規定要因について先行研究に依拠しながら整理する．続いて，消費者の中食行動を対象に，品目や利用頻度，購入チャネル，そして利用目的などについて具体的に考察し，補足的にこれを支える中食産業の構造特性に触れる．おわりに，食生活における中食の位置づけと今後の論点について言及する[2]．

1．食生活に関する既存研究

消費者にとって，自らの生存に必須であり，そして日々，頻繁かつ持続的に繰り返される食生活について，何かを語ることはさほど難しいことではないであろう．しかし，食生活の現代的特徴をその要因や条件と結び付けて客観的に叙述するとなると，これはかなり難儀な作業となる．多面性を持つ食を客観的に捉えることの難しさは，消費者のみならず研究者にとっても変わらない．食生活研究は，ともするとたんに現象を羅列するだけの叙述的紹介に終わることが少なくないのである．

これまで食生活ないし食料消費に関する研究は，様々な学問領域からアプローチされてきた．食領域を直接の研究対象とする栄養学，献立や食物史，食生態学，食生活論の視角からの研究はきわめて豊富な蓄積をみている．他方，消費論，生活様式論，流通論，経済学あるいは，社会学などの社会科学の視角から食問題に光を当てた研究も決して少なくはない．食問題がいかに重要性と多面性とを兼ね備えているかを物語っている．

たとえば，日本フードシステム学会叢書の食生活を扱った巻の「はしがき」では，食生活の特徴について次のように指摘している．食生活が「生きるための糧を摂取する場であるとともに，糧を食べる人々の身体と心の健康の維持向

上に深く関わり，また，糧を生み出す社会の文化や経済といった人々の活動の
あらゆる場面に深く関わっている」．食生活研究の対象は，食べ物から，食べ
る人，さらにはその営みが行われる社会の仕組みにまで及ぶ，というのであ
る[3]．また，その名の通り食生活を研究対象とする日本食生活学会は，学会の
目的をこう述べている．「食生活を総合的視野でとらえ，科学的，文化的研究
の推進をはかり，その知識普及により食生活の好ましい在り方を求めることに
ある」と．この目的を実現するために，既存の学問領域にとらわれることな
く，食に関心を寄せる研究者の幅広い参画を呼び掛けている[4]．多面性を持つ
食問題の解明には，本来的に，学際的なアプローチが欠かせないのである．

　残念なことに，社会科学の視角から中食を正面から取り上げた先行研究は必
ずしも多くはない．数少ない業績として次のような論稿があげられる．中食の
経済分析を行った先駆的研究である時子山（1999, 2013），中食の全体像を丁寧
に整理した高橋（2006），中食産業の現状と課題を多面的に論じた日本惣菜協
会（2015），中食全般を論じた佐藤（2015），中食産業の構造特性を整理した木
立（2019）などである．このほかに，中食行動を分析する上で重要な示唆を含
む論稿として食の外部化を考察した草刈（2009, 2011, 2018）の経済学的分析が
ある．これらの先行研究と関連する統計・調査資料に依拠しながら，考察を進
めたい．

2．日本の食生活の変遷と外部化の進展

(1)　戦後の食の近代化と量的充足の実現

　まず，第 2 次世界大戦後から近年にいたる日本の食生活の変遷をトレースし
ておこう[5]．一般に，献立の観点からみた日本の食は，古くから，米飯を主食
に味噌汁・漬物・焼（煮）魚を組み合わせた米食型のパターンであったと理解
されがちである．米が食品としての栄養と食味の両面での優位性を備えその帰
結として食の保守性をもたらすことは，かつて中山（1960, 37-39 ページ）が指
摘した通りである．とはいえ，実際には，主食として米を日本人が満足に食べ
られるようになるのは，戦後になってからのことにすぎない．戦前期には，米

を日常的に食べていたのは軍人や特権階級などほんの一部の階層の人びとであった[6]. 戦後も, しばらくは極端な食糧不足が続き, 消費者は深刻な栄養不足状態に苦しんでいた. まずは消費者に供給する米をはじめとする食料の量的確保の実現, すなわち貧しさからの脱却こそが国家的な喫緊の最優先課題だったのである.

敗戦直後の日本の食料, 栄養, 衛生対策は, 当初, GHQ の占領政策の一環として取り組まれた. これが 1952 年に日本政府による栄養改善法の制定に引き継がれていくこととなった. 政府の食料・栄養政策の特徴として, 食料の量的充足とともに, 米のばっかり食べという米食偏重を見直し, 小麦や動物性食品の摂取を促す, 食の「洋風化」が目指されていった. この背景に, アメリカからの余剰農産物の受入れという政治経済的な事情があったことは周知の通りである.

敗戦から 11 年を経た 1956 年経済白書が用いた「もはや戦後ではない」との表現は, 日本の食生活の状況にも当てはまるものであった (秋谷・吉田 1988). この前年の 1955 年に 1 人 1 日あたりのカロリー供給量は, 戦前水準である 1934 ～ 1936 年 (昭和 9 ～11 年) 平均の約 2,000kcal に回復していた. さらに 1970 年代になると, 1 人 1 日あたりカロリー供給量は 2,500kcal を超え, 日本の食生活状態は栄養必要量をほぼ充足する段階に入り, その後は横ばいないし減少に転じていく. この事実から, 1970 年代に日本の食生活は「第 1 次成熟期」を迎えたということができる (時子山 1999).

日本における食の量的充足が 1970 年代に達成しえたのは, 高度経済成長期における国民所得の高まりと国内農業生産力の発展とが車の両輪として作用したことによるものであった. 国内農業の基幹的生産物である米が 1960 年代後半に自給率 100％を達成するにいたった事実は, その証左といってよい. 農業の生産力の高まりを受けて, 1970 年代に実現し定着していった日本の食を「日本型食生活」と名付けたのは農政審答申「80 年代農政の基本方向」(1980) においてであった. その要点は, 主食としての米を基本に, 副食として野菜, 魚などの水産物を加える一方, 畜産物の過剰摂取を控えた食を, より栄養バラン

スに優れたものとして消費者に推奨していくことにあった．「日本型」との表現には，健康の観点から「洋風化」とは一線を画す立場であったと同時に，何よりも 1970 年代以降，過剰米処理問題に直面するなかで，米需要を維持していく政策的意図が込められていたわけである．しかし結果的には，米の 1 人あたりの年間消費量は，1962 年度の 118kg をピークに減少に転じ，今日では当時の半分以下の 50kg 台にまで落ち込むこととなった．

(2)　食の成熟化と外部化の進展

1970 年代における食料消費の量的充足の実現を前提に，1980 年代には，質的な変化が顕在化する「第 2 次成熟期」に突入していった．時子山（1999）は，この「第 2 次成熟期」の特徴的変化として，多様化，高級化，簡便化，健康・安全志向の高まりという食品に対するニーズの変化をあげつつ，より基調的な変化として食の外部化に注目した．米消費を例にいえば，家庭で米を購入し調理して食べる内食から，弁当やおにぎりなどの調理食品として購入する中食，あるいは飲食店などで米飯メニューを注文し食サービスとして購入する外食への移行という質的な変化のことである．

本来，食生活の歴史的な変化というより長いスパンから食の外部化を捉えるとき，広く加工食品一般の利用こそが外部化の典型的なモードとして位置づけられる．食の外部化を外食と中食とする定義はやや短期のスパンで捉えた狭義の理解なのである．とはいえ，近年における食の外部化の概念は，通常，外食と中食として定義され，食の外部化率も，外食と調理食品の購入額を食料消費支出で除することで算出されている．加工食品一般ではなく調理食品の利用に注目する理由は，外食と並んで中食が食の外部化の現代的なモードであると考えられているためであるといえる．ここでは，差し当たり外食と中食としての調理食品の利用を外部化の具体的モードとする一般的理解に従い，食の外部化の数値的な推移について確認する．

長年にわたって食の外部化率を公表してきた食の安全・安心財団（外食産業総合調査研究センター）による推計は図 1 の通りである．1980 年に 33.4％だっ

図1　食の外部化率，外食率

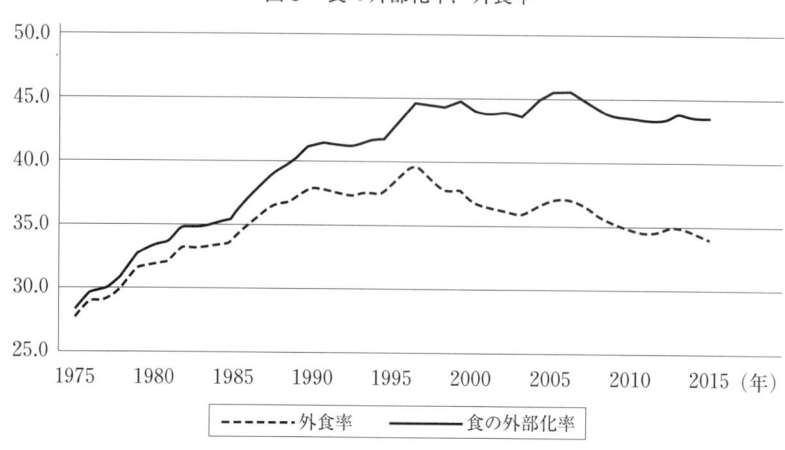

（出所）　食の安全心財団．

表1　食市場における内食・中食・外食の構成比（2016 年）

（単位：億円，％）

項　目	内食	中食	外食	食市場合計
市場規模	362,660	98,399	254,169	714,288
割合	50.8	13.8	35.6	100.0

（注）　割合の合計は，四捨五入により 100.0％とはならない．
（出所）　日本惣菜協会（2018）『惣菜白書』ダイジェスト版．

た食の外部化率は，2016 年には 43.5％と約 10 ポイントの高まりを示す．2016 年の金額と食料消費支出に占めるその割合をみると，外食が 25 兆 4,000 億円で 34.1％，中食が 7 兆 5,000 億円で 9.4％である．これによれば，現在，家庭内食は 6 割弱にまで低下し，外食と中食が 4 割強を占めるにいたっている．また，近年の外部化の伸びの多くが中食の拡大によるものであることが明確に読み取れる．

　中食産業の業界団体である日本惣菜協会が発表した内食・外食・中食の金額および割合は表1の通りである．2016 年に 71 兆 4,000 億円の日本の食市場の

うち，内食が 36 兆 2,000 億円で 50.8％，外食が 25 兆 4,000 億円で 35.6％を占
める一方，中食は 9 兆 8,000 億円で 13.7％である．食の安全・安心財団の推計
値と比較すると，中食の市場規模が 2 兆 3,000 億円多くなっている．その結果，
外食と中食の合計金額は 35 兆 2,000 億円となり，外部化比率は 49.3％とほぼ
内食と並ぶことになる．

　食の安全・安心財団と日本惣菜協会とで中食市場規模の推計値が大きく異な
る理由は，いうまでもなく推計方法，とくにその補足範囲の違いによる．食の
安全・安心財団の推計値は弁当・総菜店などの料理品小売業を対象とし，百貨
店，スーパー，そしてコンビニエンスストアによる調理食品販売のかなりの部
分が含まれていない．一方，惣菜協会の推計値ではそれらの業態による調理食
品の販売をカバーしている．そもそも，中食市場規模の補足方法には，高橋
(2006) が指摘しているように，消費者ベース，小売ベース，製造ベースがあ
り，そのいずれの視点から把握するのかによって数値は大きく異なる．中食の
市場規模を正確に捉える唯一の推計値は存在しない．

　とはいえ，これら 2 つのデータから確認できる共通のトレンドは次のとおり
である．第 1 に，消費者の食の外部化は着実に進行し，内食とほぼ並ぶ過半に
達するにいたっている．第 2 に，近年，外部化のなかでも外食が横ばいで推移
する一方，中食は継続的に拡大基調にある．日本惣菜協会による直近の中食市
場規模の推移によれば，2015 年に 9 兆 5,814 億円から年に数千億円のペースで
増加し，2017 年には 10 兆 555 億円と 10 兆円産業に成長した．さらに，農水
省 (2014) の将来推計でも，外食市場が伸び悩むのに対し，調理食品市場は今
後とも持続的に増加すると予測されている．

3．食の外部化・中食の拡大と規定要因

(1)　家事労働時間の短縮と食の外部化

　1980 年代以降の「第 2 次成熟期」において進展してきた食の外部化を規定
する要因は何か．当然，たんに何を食べるのかという視角からの把握だけでは
不十分であり，より広く世帯構造や生活様式の視点から把握することが不可欠

となる.

食の外部化の規定要因を検討する際,時子山（1999）や茂野（2016）の次のような指摘は重要である.日本の食が成熟段階を迎えたことで,食料消費に関する価格・所得要因の説明力は相対的に低下した.これに代わって,買い物,調理,食事,後片付けなどの家事労働に投入される時間的要因からの制約がより強く作用することとなったとする.この点を,主婦として家事労働を中心的に担ってきた女性の就業化の観点からみてみよう.

戦後,1970年代までは,世帯において夫が主な働き手となり,妻が専業主婦として家事全般を担当する片働き世帯が主流であった（図2）.しかし,1980年代以降,夫とともに妻も就業する共働き世帯が年々増加し,1997年からは

図2　片働き世帯・共働き世帯数の推移（1980‒2013年）

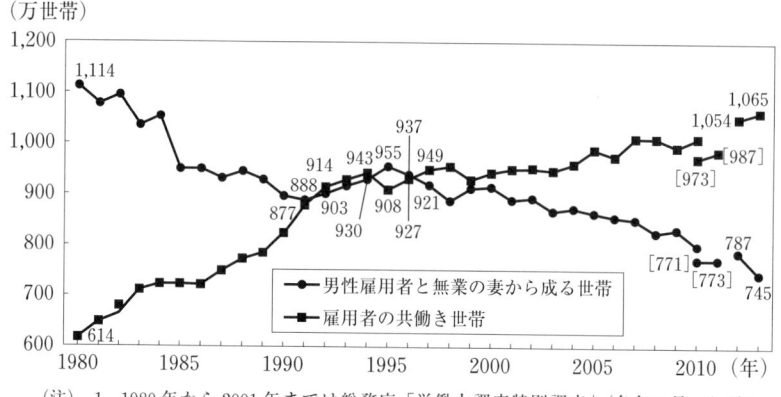

（注）　1. 1980年から2001年までは総務庁「労働力調査特別調査」（各年2月.ただし,
　　　　　1980年から1982年は各年3月）,2002年以降は総務省「労働力調査（詳細集計）」
　　　　　（年平均）より作成.「労働力調査特別調査」と「労働力調査（詳細集計）」とでは,
　　　　　調査方法,調査月等が相違することから,時系列比較には注意を要する.
　　　　2.「男性雇用者と無業の妻から成る世帯」とは,夫が非農林業雇用者で,妻が非就
　　　　　業者（非労働力人口および完全失業者）の世帯.
　　　　3.「雇用者の共働き世帯」とは,夫婦ともに非農林業雇用者の世帯.
　　　　4. 2010年および2011年の［　］内の実数は,岩手県,宮城県および福島県を除く
　　　　　全国の結果.
（出所）　内閣府『男女共同参画白書 平成26年版』,内閣府HPアクセス日2019年2月8日
　　　　　（http://www.gender.go.jp/about_danjo/whitepaper/h26/zentai/html/zuhyo/zuhyo01-
　　　　　02-08.html）.

共働き世帯数が片働き世帯数を一貫して上回るようになった．女性の就業化に伴い，主婦である妻が投入できる家事労働時間が制限され，その結果，限られた時間での家事が妻にとって過重な負担となっていったことはいうまでもない[7]．この問題の解決方策が食の外部化とくに中食の利用だったのである．女性の就業化は女性の社会進出意欲の高まりを反映する積極面を持つものである．だが，税や社会保障支出などの非消費支出が増加し可処分所得が圧迫される状況を踏まえると，女性の就業化が収入の確保を迫られるかたちで外部強制的に進行した面が強かったことは否定できない．

　女性の就業化が食生活に及ぼした影響を最近の研究資料が明らかにしている．同一世帯のデータを時系列で分析した内閣府（2019）によれば，妻の就業化により世帯所得は月 3.5 万円増加したのに対し，消費支出の増加は 2 万円にとどまっている．近い将来や老後への不安から所得増が消費支出の増加に十分

図3 共働き世帯（39歳以下）の消費支出額の勤労者世帯平均に対する比率（2014年）

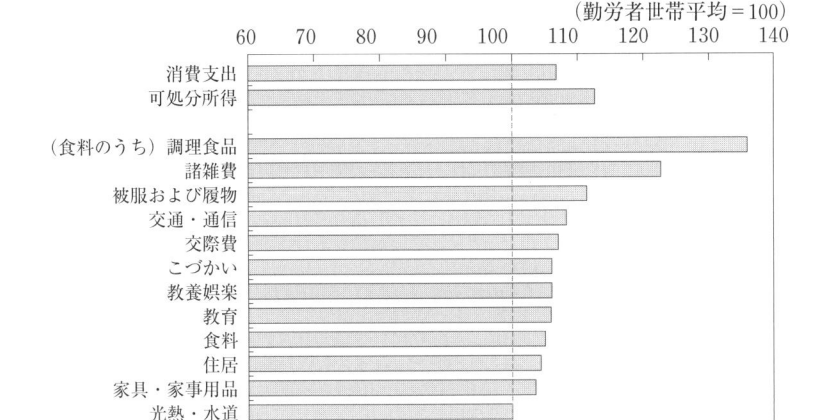

（注）　1．総務省「平成26年全国消費実態調査」により作成．
　　　　2．共働き世帯の夫の年齢階級別の消費割合と，勤労者世帯平均の世帯主の年齢階級別の消費割合を比較したもの．
（出所）　内閣府『日本経済 2018－2019』2019．内閣府 HP アクセス日 2019 年 1 月 1 日
　　　　（https://www5.cao.go.jp/keizai3/2018/0125nk/nk18.html）．

に結びついていない．消費支出の上位の項目をみると，第1に教育，第2に食料，第3に家賃・光熱水道となっている．教育や家賃・光熱水道への支出が上位にあることからは，妻の就業化の主たる目的が生活上，半強制的に確保を迫られた家計支出の補填にあったとみてよい．他方，食料が上位費目となっているのは，就業化に伴い家事労働時間を短縮する必要に迫られ，食の外部化とくに中食利用が進んだことを示している．事実，図3に示すように，39歳以下の若年共働き世帯で調理食品支出は勤労世帯の平均値と比較してはるかに多くなっている．

(2) 世帯規模の縮小と食の外部化

世帯規模の縮小と食の外部化の関連を検討するために，再び，内閣府（2019）から若年世帯を2人以上世帯と単身世帯とに分けて消費支出の時系列的な変化をみてみる．図4に示すように，2人以上世帯と単身世帯のいずれにおいても1984年から2014年の間に増加した費目として調理食品がリストアップされる．

図4　1984年から2014年における若年世帯（2人以上世帯と単身世帯）の
　　　消費支出の変化

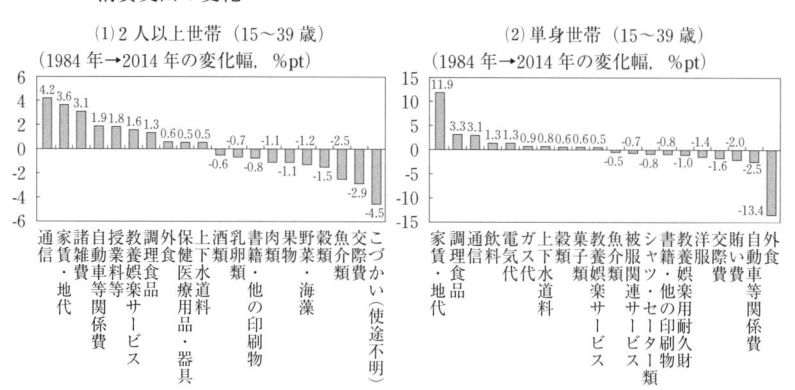

(1) 2人以上世帯（15〜39歳）
(1984年→2014年の変化幅，％pt）

(2) 単身世帯（15〜39歳）
(1984年→2014年の変化幅，％pt）

（注）　1．総務省「全国消費実態調査」により作成.
　　　　2．消費支出に占める支出金額シェアについて，1984年から2014年の支出金額シェア変化幅の上下10位を図示したもの.
（出所）　図3に同じ.

2 人以上世帯では，調理食品の支出が 1.3%pt 増加する一方で，魚介類，穀類，野菜，果実などの食材的品目への支出が減少している．単身世帯では，調理食品の増加率が 2 人世帯よりも高い一方で，外食支出が大幅に減少していることが特徴的である．若年単身世帯において外食が大幅に減少した理由として，1 つに，中食が時間節約的行動であるのに対し外食が時間消費型行動の面が強いことが考えられる．いま 1 つに，単身男性が 1 人での外食を避けて調理をする割合が高まっていることが影響しているとの指摘もある．

　食の外部化要因を世帯構造の変化に伴う家事労働の生産性の変化を受けた家計における選択の問題として捉えたのは時子山（1999）と草刈（2011，2018）である．

　時子山（1999）は，「調理は他の家事と違って規模の経済性が大きく働く．大家族ほど 1 人当たりの調理費用も材料費も安い．単身世帯や高齢夫婦世帯の増加による世帯規模の縮小は調理の外部化の大きな要因である」（105 ページ）とした．これに加えて，孤食や個食が外部化，とくに中食利用をより加速化する誘因であるとの重要な指摘をしている．また，草刈（2011）は「食生活の外部化は，『食材を購入して食事を生産する（内食）か，製品を利用する（調理済み食品，外食）か』という家計の選択」であり，「家事（炊事）の技術制約と家計の時間制約のもとで，家計の効用を最大化する問題」（151 ページ）だとする[8]．

　これらの論稿の優れた貢献は次の点にある．食生活の外部化を世帯構造要因，時間要因，技術要因，家事の生産性を踏まえ，家計の効用を最大化しようとする選択という枠組みを設定し，食の外部化が世帯規模の縮小，家事労働時間の短縮と調理技術の低下を背景に内食の生産効率が低下し，中食や外食利用が進展したことを実証的に明らかにしている．なお，以上のことから食の成熟期においても価格・コスト要因が食生活を規定する要因としての重要性を決して失っているわけではないことを再確認しておく必要がある．

4. 中食行動の実像とその特徴

(1) 中食の定義——商品と行動の二面性

消費者の中食行動の実像を具体的に考察するのに先立ち，中食の商品と行動の2つの側面について確認しておきたい[9]．

商品の視点からみた中食とは，消費者が購入後，調理をせずにそのままで食することのできる調理食品のことにほかならない．食品（Food）の分類のなかの加工食品のうち，とくに料理（Meal）の段階まで最終調理加工がなされたものを指す[10]．ただし，加工食品のどこまでを調理食品として扱うのかについて共通の理解があるわけではない．家計調査などの統計では，冷凍調理食品などを含めるのに対し，日本惣菜協会では長期保存可能な調理食品を除外している．本来，商品学的考察が必要であるが，ここでは，差し当たり，統計資料によりその範囲が異なることを確認しておくにとどめる．

中食を行動の側面からみるとどうか．中食行動の特性は外食との比較から整理することで浮かび上がってくる．外食がすべての家事労働を一括して外部化するモードであるのに対し，中食行動は食に関する家事労働のうち，通常，調理までの前工程を外部化する食行動モードである．外食が食とサービスを一括して購入するのに対し，中食は調理食品というモノを購入することにすぎない．購入後の過程については，消費者がいつ，どこで，どのように食べる，ないし利用するのかは，消費者の生活領域において自律的に決定されることになる．

以下では，購入から利用にいたる中食行動の実像について，入手しうる限られたデータからではあるが，可能な範囲で確認してみよう．

(2) 中食利用の消費者セグメント別の特徴

消費者の中食行動を捉える上で利用できる代表的な統計資料は『家計調査』と『全国消費実態調査』である．これらを利用し中食利用の数値的な面を把握しておこう（表2）．

　『家計調査』によると，2017 年の 2 人以上世帯の食料消費支出に占める調理食品の金額割合は 12.7％であり，それを主食用とその他に分けると，主食的調理食品が 41.5％，その他のおかずなどの調理食品が 58.5％である．また，単身世帯では調理食品割合は 15.5％で，うち主食的調理食品が 52.1％でその他の調理食品が 47.9％である．つまり，単身者で調理食品依存度が高く，とくに主食的調理食品への支出割合が高くなっている．1 人あたりの調理食品への支出額が単身世帯で 2 人以上世帯の約 2 倍に達することから，中食産業にとって単身者が有力な顧客セグメントであることがわかる．『全国消費実態調査』の 2014年の数値をみても，ほぼ同様の傾向が確認できる．

　続いて，『全国消費実態調査』のデータから消費者の中食利用の傾向を世帯構造別，年齢別，性別にみてみよう（表 2）．『全国消費実態調査』が 5 年毎に実施されるため，現時点で入手しうる最新のデータは 2014 年のものとなる．

　食料消費支出に占める調理食品への支出割合を 2 人以上世帯と単身世帯とで比較すると，2 人以上世帯が 12.1％，単身世帯が 14.9％であり，単身世帯で1.8 ポイント高い．また，調理食品に占める主食的調理食品の割合については，2 人以上世帯が 39.5％，単身世帯が 50.8％であり，単身世帯で 10 ポイント以上高くなっている．つまり，単身世帯で調理食品への依存度が相対的に高く，とくに主食的調理食品の利用が大きな割合を占めていることがわかる．

　年齢別の調理食品への依存度はどうか．2 人以上世帯では，50 歳代が 13.1％と最も高いが，70 歳代が最も低く 11.5％である．ただし，両者の差は 1.6 ポイントにとどまる．単身世帯では，最も高いのが 40 歳代で 17.9％，一番低いのは 70 歳以上で 13.4％である．両者の差が 4.5 ポイントと 2 人以上世帯のそれと比較しやや大きくなる．このことから，1 つに高齢世帯において調理食品への依存度が高まるということではないといってよい．しかし，だからといって，高齢世帯において調理食品へのニーズがないと判断することは早計に過ぎる．なぜなら，時子山ほか（2013，82 ページ）が指摘するように，高齢者ニーズに適合する調理食品の供給が不十分であることの結果とみることもできるからである．2 つに，単身世帯では年齢層別に中食への依存度がある程度変化す

表2　男女，年齢階級，品目別1世帯あたり1ヵ月間の支出
（2人以上世帯，単身世帯：2014年）

（単位：円，%）

項目		食料	調理食品		主食的調理食品	
			金額	割合	金額	割合
2人以上世帯	平均	75,886	9,149	12.1	3,645	39.8
	30歳未満	51,214	6,417	12.5	2,801	43.6
	30〜39歳	65,831	7,684	11.7	3,170	41.3
	40〜49歳	76,886	9,379	12.2	3,716	39.6
	50〜59歳	81,487	10,688	13.1	4,085	38.2
	60〜69歳	81,244	9,521	11.7	3,861	40.6
	70歳以上	72,059	8,307	11.5	3,318	39.9
単身世帯	平均	42,666	6,364	14.9	3,234	50.8
	30歳未満	34,692	5,790	16.7	3,706	64.0
	30〜39歳	42,385	7,233	17.1	4,886	67.6
	40〜49歳	46,677	8,357	17.9	4,982	59.6
	50〜59歳	50,851	8,008	15.7	4,195	52.4
	60〜69歳	45,194	6,014	13.3	2,733	45.4
	70歳以上	38,915	5,221	13.4	2,022	38.7
	男	46,965	7,655	16.3	4,215	55.1
	30歳未満	38,347	6,546	17.1	4,257	65.0
	30〜39歳	45,259	7,003	15.5	4,686	66.9
	40〜49歳	50,330	9,601	19.1	5,827	60.7
	50〜59歳	55,571	9,278	16.7	5,234	56.4
	60〜69歳	49,821	7,702	15.5	3,746	48.6
	70歳以上	41,213	5,922	14.4	2,288	38.6
	女	38,919	5,239	13.5	2,379	45.4
	30歳未満	27,952	4,397	15.7	2,691	61.2
	30〜39歳	38,267	7,561	19.8	5,173	68.4
	40〜49歳	38,813	5,679	14.6	3,162	55.7
	50〜59歳	43,436	6,013	13.8	2,563	42.6
	60〜69歳	42,150	4,904	11.6	2,066	42.1
	70歳以上	37,972	4,934	13.0	1,914	38.8

（出所）　「全国消費実態調査」（2014年）より筆者作成.

るのに対し，2人以上世帯ではさほど大きな変化はみられない．高齢世帯に移行してからも，2人以上世帯では，食の質はさておき，家庭内調理が慣習的に継続されるからであろう．

　男女別については，単身世帯のデータからみることになる．調理食品への依存度が男性で16.3%，女性で13.5%となっており，男性の依存度が2.8ポイント高い．とくに主食的調理食品の割合は男性が55.1%で，女性の45.4%よりも約10ポイント高いことは注目される．男性単身世帯において，調理食品の利用度が高く，とくに主食的調理食品の利用が多いことがわかる．

　以上，消費者の調理食品利用の世帯構造，年齢，性別による差異について確認できた点を整理すると，次のようである．1つに，単身世帯で2人以上世帯よりも調理食品への依存度が高い．2つに，年齢別にはさほど大きな違いはないものの，高齢者世帯では調理食品の依存度がかえって低下する傾向がみられる．これが年齢効果，時代効果，世代効果なのか，そもそも高齢者のニーズへの供給側の対応の不足なのかについてはさらなる検証が必要である．3つに，単身者の男女別では調理食品の利用は女性で少なく，男性で多い傾向がみられる．

(3)　消費者の中食利用の実像——品目・頻度・用途・目的

　中食利用をより具体的に捉えるために，主食的調理食品およびその他の調理食品について，品目別購買金額を『家計調査』（2人以上世帯，2017年）のデータからみてみる．表3に示すように，主食的調理食品では，弁当12.0%，すし（弁当）10.8%，調理パン4.4%，おにぎり・その他3.6%となっている．その他の調理食品では，天ぷら・フライ9.0%，その次に冷凍調理食品6.2%，サラダ3.9%，と続いている．この数値は金額ベースの平均値なので，消費者が店頭で購入する頻度の実感とはややずれたものとなっている可能性がある．

　そこで，消費者が購入する頻度の高い品目について，日本惣菜協会（2018）の調査からみてみる（表4）．1週間の購入頻度上位10品目（2017年・3回以上購入）は，頻度の高い順にコロッケ，おにぎり，弁当，鶏の唐揚げ，サンドイ

138

表3　1年間の食料消費支出における調理食品の品目別支出状況

（二人以上世帯，2017 年）

（単位：円，%）

		金額	割合
主食的調理食品		49,769	41.5%
	弁当	14,371	12.0%
	すし（弁当）	12,909	10.8%
	おにぎり・その他	4,276	3.6%
	調理パン	5,332	4.4%
	他の主食的調理食品	12,881	10.7%
他の調理食品		70,231	58.5%
	うなぎのかば焼き	2,796	2.3%
	サラダ	4,642	3.9%
	コロッケ	2,004	1.7%
	カツレツ	1,932	1.6%
	天ぷら・フライ	10,803	9.0%
	しゅうまい	1,057	0.9%
	ぎょうざ	2,161	1.8%
	やきとり	2,330	1.9%
	ハンバーグ	1,233	1.0%
	冷凍調理食品	7,426	6.2%
	そうざい材料セット	2,964	2.5%
	他の調理食品のその他	30,884	25.7%
調理食品		120,000	100.0%
食料		946,438	
消費支出		3,396,330	

（出所）「家計調査」.

ッチ，野菜サラダ，巻寿司，にぎり寿司，天ぷら，肉まん，である．半年間での利用をみても，8位以内の購入頻度上位に入った品目は，若干の順位の入替わりはあっても，基本的に同じであった．主食・副食別に分けてみると，ほぼ半々となっている．地域別の利用品目の違いとしては，コロッケの購入が近畿圏や北陸圏で多く，首都圏で少ないといった地域性がみられるが，その差はさほど顕著ではない．少なくとも主力品目についてみると，調理食品の品目別利

表4　消費者が利用した中食食品の購入頻度上位10品目（2017年）

期間	1位	2位	3位	4位	5位	6位	7位	8位	9位	10位
1週間	コロッケ	おにぎり	弁当	鶏の唐揚げ	サンドイッチ	野菜サラダ	巻寿司	にぎり寿司	天ぷら	肉まん
半年間	弁当	おにぎり	コロッケ	サンドイッチ	野菜サラダ	鶏の唐揚げ	にぎり寿司	巻寿司	ギョーザ	天ぷら

（注）　1週間ないし半年に3回以上購入した回答者割合によりランキングしている．
（出所）　日本惣菜協会（2018）より筆者作成．

表5　コロッケ，おにぎりの1週間の利用頻度

（単位：％）

品目	週に3回以上	週に2回	週に1回	週に0回
コロッケ	13.4	7.6	24.7	54.4
おにぎり	10.9	6.9	22.6	59.7

（出所）　日本惣菜協会（2018）より筆者作成．

　用はかなり全国的に標準化しつつあるといえる．

　購入頻度の高い上位2品目の1週間の購入状況をより詳しくみると表5の通りである．第1位のコロッケは3回以上が13.4％であるものの，購入無しが54.4％であり，第2位のおにぎりも3回以上が10.9％である一方，購入無しが59.7％に達している．要するに，購入頻度が高いコロッケやおにぎりについても，週に3回以上購入するヘビー・ユーザーは1割程度にすぎず，週にまったく購入していない消費者が半数を超える．期間を半年に広げてみても，一度も購入していない消費者の割合はコロッケが28.3％で4人に1人，おにぎりが30.2％で3人に1人に上る．そもそも，最近半年間で調理食品を一度も購入しなかったとの回答率は全体の約6割と半数を超えているのである．

　このように，消費者の中食行動の一般化が指摘されているものの，中食が消費者全体に幅広く浸透しているということでは決してない．この事実は，消費者の調理食品の購買行動に関する次のような数値とも整合性がある．1回の調理食品の購入は1，2種類にとどまり，その購入単価は200円未満が3割弱，

200 〜 300 円未満が 4 割強とされる．つまり，調理食品の購入アイテム数も購買金額も現在のところ，さほど大きなものではない．スーパーおよびコンビニエンスストアの客単価がそれぞれ 2,000 円未満，500 円程度というキャップ・上限がある以上，当然のことではある．

　なお，ここで用いた日本惣菜協会のデータは調査対象が女性のみで男性が含まれていない点に難点がある．とはいえ，『全国消費実態調査』のデータによれば男性の調理食品利用の割合が高いことが確認できたものの，その差はさほど大きなものではなかった．それゆえ先の結論は消費者全般にほぼ妥当するものとしておおむね支持されるであろう．要するに，消費者にとって中食は依然として消費者の食生活の一部分にすぎず，消費者は自らの直面する食生活条件に合わせて調理食品を選択的に活用していることが想定できる．日本において家庭内調理の比重がいまだ高いことの理由として，時子山ほか（2013，149 ページ）が指摘するように，主婦の食への思い入れ・こだわりがいまだ根強いことが影響していると考えられる．

　次に，消費者が調理食品をどのような時間帯・用途に利用しているのかをみてみよう（表6）．夕食での利用が 62.5％と高く，次いで昼食での利用が 29.6％であり，朝食や夜食での利用は例外的でしかない．品目としては，夕食用では

表6　食事時間帯別の中食食品利用割合と上位 3 品目

（単位：％）

時間・用途	利用割合	第 1 位	第 2 位	第 3 位
朝食	2.7	サンドイッチ	調理パン	肉まん
昼食	29.6	おにぎり	サンドイッチ	弁当
おやつ	3.6	肉まん	お好み焼き，たこ焼き	サンドイッチ
夕食	62.5	コロッケ	鶏の唐揚げ	にぎり寿司
夜食	1.6	焼き鳥	おでん	コロッケ

（注）　調理パンとは，コロッケパン，焼きそばパン，である．
（出所）　日本惣菜協会（2018）より筆者作成．

コロッケ，鶏の唐揚げが，昼食用ではおにぎり，サンドイッチ，弁当がそれぞれ上位を占める．昼食時には主食的調理食品が，夕食時にそれ以外の副食的な調理食品が利用されている．副食的調理食品は夕食の献立の充実のために利用されている．夕食時の上位品目に揚げ物が多いのは，消費者にとって家庭での調理やその後の処理が厄介な料理であるという技術的条件が強く影響しているとみてよい．

　このように消費者による調理食品の利用は，1つに，本来，「いつ」という時間的な自由度が高いとはいえ，実際には規範的な「三度の食事」のパターンのなかで利用されている．2つに，調理食品を実際にどこで食するのかという場所に関するデータはないが，昼食では職場や学校，家庭など様々な場所である一方，夕食は家庭内でほぼ利用されていると判断できる．3つに，調理食品利用の目的は調理労働の負担を軽減したり，調理の手間を省いたりすることにあり，また調理技術がないメニューで選択的に活用されていると考えられる．この点を次に詳しくみてみよう．

(4)　消費者の中食利用の目的・用途

　消費者はどのような目的で調理食品を利用しているのか，農水省（2015）の消費者モニターの結果は次のようである（表7）．2人以上世帯では，① 時間がない，② 調理技術の欠如，③ 外食と比較して低価格，が上位を占めている．単身世帯では，① 調理・片づけが面倒，② 時間がない，③ 調理技術の欠如，が上位であった．2人以上世帯では，外食との価格比較が考慮されているのに対し，単身世帯では，もっぱら手間や時間的な制約が重要視されている．

　日本惣菜協会（2017）の食事機会別の利用状況をみると，「普段のおかずとして」（61.3％）が際立って高く，「帰宅が遅くなって調理の時間がない時」（26.1％），「お弁当のおかずとして」（5.6％）が続いている．矢野経済研究所（2017，220ページ）のアンケート調査結果では，調理食品の主な利用目的（複数回答）について回答率の高い順に「一人前の料理をつくる手間を省く」（53.3％），「食事に1〜2品を追加する」（44.5％），「副食の購入」（40.1％），「自分ではつくれ

表7　中食を利用する理由（世帯別・複数回答）

（単位：％）

項　目	2人以上の世帯	単身世帯
時間がない	47	44
普段自分が作れないものが食べられる	41	43
外食するより価格が安い	34	31
調理・片付けが面倒	31	45
好きなものを食べられる	29	32
自分で食事を作るより価格が安い	22	34
食材が無駄にならない	21	27
好きな場所で食べられる	17	18
栄養バランスに配慮できる	8	11
その他	8	9

（注）　消費者モニター987人を対象に行ったアンケート調査（回収率91.9％）.
（出所）　農林水産省「食料・農業及び水産業に関する意識・意向調査」（2015年）.

ない（つくりたくない）品目」（24.2％），「家族や友人等の複数の食事を作る手間を省く」（21.6％）となっている[11]．また，MyELがおかずを対象に実施した「お惣菜に関する調査（第5回）アンケートデータベース」（2016年5月実施）[12]からは，副食としての中食の利用理由が浮かび上がってくる．回答率（複数回答）が20％を超えたのは，「作るのが面倒」（47.0％），「すぐに食べたい」（44.7％），「準備をする時間がない」（36.7％），「食事を簡単に済ませたい」（36.0％），「おいしそうなものが売っていた」（26.7％），「自分では作れないおかずを食べたい」（20.8％）である．再び日本惣菜協会（2017）から，「惣菜全体に対する評価」をみると，回答率の高い順に「（中食食品の：著者）種類が豊富になっている」（64.3％），「調理時間を節約するため」（59.6％），「美味しいものが多くなっている」（59.3％）であった．

　これらのアンケート調査は，それぞれに質問内容・文言や選択肢の設定に必ずしも共通性や一貫性がなく，また既述のように調査により調査対象に違いがあるなど相互比較には問題がある．多様化・細分化する消費者の行動様式やニ

ーズを正確に捉えるためには，セグメント別の体系的な調査と分析を行うことが欠かせない．こうした限界はあるものの，上記の調査結果から消費者の中食利用の主要要因を大まかに把握することはできる．要約すると，以下の通りである．

　中食利用の主要な目的として，1つに調理の手間と時間を節約したい，2つにおいしいものや自分では作れないものを食べたい，あるいは食のバラエティを増やしたい，という消費者のニーズがある．利用後の評価をみても，調理食品が本来的に持つ調理の簡便化機能に加えて，その食味の改善やバラエティの強化に対し消費者は高い評価を与えている．消費者による中食利用は，時間的・労力的・技術的な制約を解決する手段としての側面と，同時に，食をより豊かにする手段としての側面の2つの点から選択されている．

5．中食行動の選択性と中食産業の多層的構造

(1)　消費者の調理食品の購入先チャネル

　消費者は調理食品をいずれのチャネルから購入しているのか．表8にみるように，利用度の高い順にスーパー[13] 72.7%，コンビニエンスストア 14.5%，デパート 5.1%，惣菜店 3.2%となっている．スーパーが調理食品の購入チャネルとして圧倒的な地位を占めていることになる．しかし，この数値については次の点に留意が必要である．1つに，調査の質問が購買頻度の最も高いチャネルを単数回答で尋ねていることである．消費者は，実際には複数のチャネルを

表8　消費者が中食購入でもっとも利用するチャネルと
業態別の中食市場規模（2017 年度）

（単位：%）

項　目	スーパー	百貨店	コンビニエンスストア	総菜店等
最も利用する購入先	72.7	5.1	14.5	3.2
業態別の市場規模割合	35.3	3.6	32.1	29.0

（出所）　日本惣菜協会（2018）より，一部修正して作成．

利用していることが一般的であるにもかかわらず，それらのチャネルの利用が把握できないかたちとなっている．いま1つに，前述のように，日本惣菜協会の調査が女性のみを対象としている点である．

　矢野経済研究所（2017）では，惣菜・中食を最もよく購入する店舗について複数回答で質問している[14]．この調査対象には女性と男性の両方が含まれている．先の日本惣菜協会のデータと同様に，スーパーの回答率が一番で91.3％に達した．このほかに，コンビニエンスストアが27.5％，百貨店が23.9％，惣菜専門店が16.9％であった．

　ここで再び表8から，業態別の中食市場規模の割合をみてみる．スーパーが35.1％と最も大きな割合を占めているものの，コンビニエンスストアが31.6％，総菜店等が29.5％といずれも約3割となっており，これらの3つの業態が中食市場を三分割していることが確認できる．

　20年以上さかのぼる1994年時点の料理品小売販売額の業態別シェア（『商業統計』）は，食料品専門店が約50％，コンビニエンスストアが約20％，食品スーパーが約10％であった（時子山1999，170-171ページ）．利用データが異なるので，直接の比較には適さないが，この間，総菜専門店のシェアが大幅に低下し，コンビニエンスストアと食品スーパーのシェアが大きく拡大してきたことは明らかである．

　消費者が中食購入で利用するチャネルと品目には一定の対応関係がある．表9から購入チャネルと品目の対応関係をみてみると，スーパーでよく購入する上位5品目は，コロッケ，巻寿司，鶏の唐揚げ，にぎり寿司，天ぷらであり，これに対しコンビニエンスストアの上位5品目は，おにぎり，サンドイッチ，

表9　購入チャネル別の上位購入品目（よく購入する上位5品目）

業　態	品　目
スーパー	コロッケ，にぎり寿司，鶏の唐揚げ，巻寿司，天ぷら
コンビニエンスストア	おにぎり，サンドイッチ，肉まん，弁当，パスタ類

（出所）　日本惣菜協会（2018）より筆者作成．

肉まん，弁当，パスタ類である．コンビニエンスストアが主食系調理食品の利用が多く，スーパーは主食，副食を問わず両方の幅広い品目で利用されている．それは，スーパーが大きな売場スペースで調理食品を幅広く品揃えしていることの結果である．調理食品の小売店頭における品揃え SKU は，店舗規模にもよるがスーパーで 500SKU を超える一方，コンビニエンスストアでは 150SKU 程度にとどまる．調理食品の提供を通した食事問題の解決（Meal Solution）機能を現時点でよりよく果たしているのはスーパーであるということができるであろう．

(2)　多層的な中食サプライチェーンと産業構造

次に，中食事業者が消費者に多種多様な調理食品を提供する上で，どのようなサプライチェーンを構築しているのか，いくつかの代表的なタイプについてみておこう．

中食産業のサプライチェーンについては，これまで立ち入って考察されてこなかった．木立（2019）から，その基本的特徴をみると次のようである．総菜専門店とも呼ばれる伝統的な調理食品の製造・小売業者は，自社製造を基本に，食材調達から小売販売までを内部で担当している．中小事業者が多く，比較的狭域の市場を対象に「出来立て」，「手作り」，「地産地消」や「地域密着」などの価値訴求を重視していることが多い．

これと対照的なのが外部化を基本とする大手コンビニエンスストアの中食事業である．調理食品の外部からの調達は，ほぼ全面的に大手食品メーカーとの提携や中堅事業者の専用ベンダー化の方式によっている．とくに全国的な出店エリアの拡大に応じて製造・物流拠点を専用ベンダーの協力により整備してきた．温度帯別物流統合と 1 日 3 回の多頻度配送というロジスティクス力の強化により，店頭での商品力の強化と商品鮮度の維持，あるいは廃棄ロスの削減を実現してきたのである（矢作 1994）．

一方，スーパーは伝統的事業者とコンビニエンスストアの中間的なハイブリッド型の仕組みを構築している．1 つに「出来立て」や鮮度を重視する品目で

は店舗バックヤードでの製造方式を採用する．2つに生産性と差別化の双方を重視する品目では自社工場での集中調理方式を採る．これらの内製方式に対し，3つに外部の技術と資本に依存する完全な外部調達方式がある．通常，調理食品の品揃えの拡充に伴い，外部化の比重が高まることになる．とはいえ，競合対策や集客力向上のための差別化・オリジナル商材は自社での内製化が基本となる．すなわち，これらの製造・調達方式が商品特性や商品の戦略的位置づけに応じて選択されている．

　中食産業は，現時点において多数の事業者による競争的な構造を特徴とし，業種・業態の観点からは，伝統的な総菜専門店に始まり，スーパー，コンビニエンスストア，百貨店，宅配事業者など多様な中食事業者からなる多層的な構造を形成している．この要因として，中食業における規模の不経済性の作用があげられる．中食産業では，第1にきわめて短い消費期限という商品特性ゆえに，単一生産販売拠点からの供給圏は狭域となり，集中的な大量生産と広域供給の優位性が発揮しにくい．第2に，大量生産を基礎とするマスマーケティングは，地域食材の利用，伝統的な調理や味付けによる地域密着型の対応に対し競争劣位に立たざるをえない．こうした特性は，中食事業の大規模化を制約し市場の競争性を維持しつつ，「出来立て」や「手作り」という高付加価値化や多様化の方向でのイノベーションを誘発することで，消費者の多様化する中食ニーズの多様性への適合性を高めていく基盤を提供している．

(3)　消費者の国産・輸入への意識と中食事業者の食材調達

　補論的に，フードサプライチェーンのグローバル化の進展を踏まえ，消費者と中食事業者の双方における食材の国産と輸入に対する意向について触れておきたい．

　消費者が「最近よく利用する中食食品」（矢野経済研究所 2017）に関するアンケート結果（複数回答）をみると，「価格が安く，お買い得感がある」（30.3%）と「国産原料使用」（33.0%）とがほぼ同じ回答率で並んでいる．日本の消費者は，低価格ニーズが強いものの，国産重視への意向も強い．あわよくば，その

両立を求めている．

　多くの中食事業者も食材戦略における国産重視の意向を表明している．しかし実際には輸入食材の利用は大規模層のみならず中小規模層でも決して例外的ではない．その背景には，上述のような消費者の低価格ニーズとそれを踏まえた低価格販売競争への対応がある．中食製造における食材費比率は一般に約50％とされ，約30％とされる外食業よりも食材にコストをかける余地がある一方，家事労働がシャドーワークとしてコスト計上されない家庭内食ほどに原価率を高めるわけにはいかない．一部の上級財的な調理食品を除き，デフレ基調下での激しい価格競争が続くかぎり，中食事業者が原価を削減する手段として食材の輸入依存度を高めることは不可避なのである．

　しかしながら，低価格競争の罠から脱却する途がないわけではない．価格競争自体回避しえないが，調理食品のコモディティ化からの脱却を目指す商品開発の取組みや高付加価値の商品を求めるセグメントは着実に拡大している．短期的には，国産食材の利用が製品販売時点において決定的な差別性を持ちうるか，あるいは情報の非対称性の解消によりその価値を消費者に十分伝達しうるかに依存する．長期的にみると，倫理品質の重視など消費者のニーズそのものの変化を通して，素材・原料にこだわった調理食品の製品差別化と高付加価値化が進展する領域は着実に広がりつつあるということができる．

おわりに——日本の食生活における中食のポジション

　現代日本の食生活の基調的変化である食の外部化，その具体的モードとして広がりをみせる中食について，きわめて不十分ながら一次的・総説的な検討を行った[15]．

　現代的食生活の変容における特徴的傾向である中食の拡大は，世帯規模の縮小や家事労働時間の短縮，そして調理技術の低下が進行するなかで，消費者が不可避的に受容することを迫られてきた面がある．他方で，消費者の中食行動の実態をみると，その部分性とともに所与の条件の下で自らの食の豊かさを実現するために主体的に選択していることが確認された．消費者のこうした中食

利用の選択性と主体性を条件づけている基盤は，供給サイドにおける事業者の業種，業態，規模の多様性と多数性，サプライチェーンの多様性，それを基礎とする中食産業の多層性にあったのである．

　従来より，食の外部化ないし中食の広がりをめぐっては，相対立する評価が提起されてきた．御巫 (1996) は，「1982 年は女性にとって記念すべき年となった．働く女性が 50.8％と，半数を超えた」と女性の就業化を高く評価した上で，「加工食品を取り込むことによって，日本の主婦は主婦でありながら社会人になれたのである」と食の社会化の意義を主張した．また安藤 (2013) は，「就労する妻が自ら稼いだ所得を用いて財・サービス市場において家事労働代替財・サービスを購入し，自らの家事労働を軽減して『自治』を実践していることを示唆するものである」と述べ，中食の果たしうる役割を高く評価したのであった．

　他方，村上 (2005) は中食の一般化がもたらしかねない問題点を列挙している．第 1 に高カロリーによる肥満や生活習慣病など健康への懸念，食品添加物の多用や殺菌剤の散布などの安全性，第 2 に食の画一化と地域伝統食の消滅である．このほかに外部環境への影響として，第 3 に調理食品の廃棄問題と包装・容器の廃棄による環境負荷，第 4 に輸入食材利用への傾斜に伴う日本農業への悪影響，第 5 に高いパート・アルバイトへの依存度による雇用・労働市場への悪影響がある．この第 5 の点は長期的には当該産業の持続的発展を阻害する決定的な要素となるとの警鐘を鳴らす．

　現代の食生活における中食利用には，こうした光と影の二面性がある．だが，社会構造や生活様式の変化に伴い，食の社会化がより一層，進行することは不可避の傾向である．縫製作業が家庭内から駆逐されてすでに久しい．今後，中食産業には一種の社会的共同消費を支える公共的産業としての役割が期待されることになる．具体的には，上記のような問題点を 1 つ 1 つ解決しながら，現代社会における食の豊かさ，健康長寿への貢献，環境や文化への配慮など中食事業者としての社会的責任を果たしていくことが課題となる．もちろん，中食行動における調理食品の購入後のプロセス，つまりそれをどう使いこ

なし，そのベネフィットをいかに享受するのかは消費者の主体性にほぼ全面的に委ねられている．消費者の側における食生活における主体性と食リテラシーが問われているのである．

1) かつて筆者は木立（1986）で農家女性労働様式と食生活の変容について論じ，木立（2001）でアメリカ型食生活の特質と世界的な広がりについて論じた．これらはいずれも基本的には生活様式論の視点に立つものである．

2) 中食産業については木立（2019）で詳細に考察している．なお，本章と木立（2019）は，当初，1つの論文として構想していたものを結果的に2つの論稿に分けたものである．一部に重複があり，逆に繰り返しを避けたための説明不足の箇所がないわけではない．ご容赦願いたい．機会を改めて本来の構想に即して1つの論文に取りまとめる予定である．

3) 茂野隆一・武見ゆかり（2016），ⅲページ．

4) 日本食生活学会ホームページ（http://jisdh.jp/index.html）2019 年 1 月 1 日アクセス．

5) 中山誠記（1960），秋谷・吉田（1988），小野（2019）などを参照．

6) 吉田（1997，14-42 ページ）は，「江戸時代には畑作地帯や山間部では米はハレの日にやっと口にできるものであった」のであり，明治期になって，米常食の階層的拡大が進み，それを支えた条件の1つが輸入米の増加であったと指摘している．

7) 伊藤 他（1984）は，性別役割分業を前提に，妻のみの収入労働時間と家事労働時間の二重負荷が生じていることを問題視している．

8) ただし，草刈（2011：2018）においては，外食と中食とを一括して食の外部化を取り扱っているため，中食に絞って考察を行う上での示唆に欠ける面がある．

9) 茂木（2005），69-82 ページ．木立（2019），63-64 ページ．

10) 日本惣菜協会（2017）では総菜・惣菜をこう定義している．「市販の弁当や惣菜など，家庭外で調理・加工された食品を家庭や職場・学校・屋外などに持ち帰ってすぐに（調理加工することなく）食べられる，日持ちのしない調理済食品」であり，「調理冷凍食品やレトルト食品など，比較的保存性の高い食品は除いている．」．つまり，中食食品とは，日配品をはじめ比較的消費期限の短いものに限られ，冷凍食品やレトルト食品など長期の保存性のある調理済み食品は含まれていない．しかし，最近，レトルトや冷凍品の調理済み食品の市場は拡大しつつあることを踏まえるとき，加工食品との境界をどう定めるのかの検討が必要になっている．

11) 矢野経済研究所（2017）の「惣菜（中食）の購入・利用実態」調査の概要は以下の通りである．調査の時期：2017 年 6 月，調査（集計）対象：20 の全国政令指定

都市在住の 26 歳から 65 歳までの男女 2,000 名（男性 961 名，女性 1,039 名），調査方法：インターネットアンケート．

12) MyEL（2016）「お惣菜に関する調査（第 5 回）アンケートデータベース」（アクセス日 2018 年 1 月 10 日，https://myel.myvoice.jp/products/detail.php?product_id=21404）．

13) 原資料ではスーパーマーケットとなっている．しかし，食品スーパーに限定せず，総合スーパーと食料品スーパーの双方を含んでいると理解できることから，表ではスーパーに修正して表記した．

14) 本来，この質問への回答は複数回答を求めているので，「最も」との問いかけは適切ではないが，利用するすべてがカバーされているとみてよい．

15) 本来，現代的な中食行動を規定要因と関連付けて詳細に把握するには消費者セグメント別の詳細な分析が欠かせないが，この点については残された課題である．

参 考 文 献

秋谷重男・吉田忠『食生活変貌のベクトル』，農山漁村文化協会，1988 年

足立己幸編『食生活論』，医歯薬出版，1987 年

安藤潤「共稼ぎ夫婦の外食・中食利用と家事労働削減：JGSS2006 を用いた実証分析を中心に」，『新潟国際情報大学情報文化学部紀要』第 16 号，2013 年

石毛直道 他『社会システム研究』特集号，2017 年

伊藤セツ 他『生活時間』，光生館，1984 年

小野雅之「今日の食料・農業と食品の流通を見る視点」，『農産物・食品の市場と流通』，筑波書房，2019 年

木立真直「農家食生活〈貧困化〉に関する一考察」，『農村生活研究』第 30 巻第 3 号，1986 年

木立真直「アメリカ型食生活の広がりと食のグローバル化」，中野一新・杉山道雄編『グローバリゼーションと国際農業市場』，筑波書房，2001 年

木立真直「食の成熟化と外食向け食材流通の動向」，『流通情報』No. 419，2004 年

木立真直「デフレと食関連産業―川下デフレ・川上インフレ下での食関連企業の対応課題―」，日本フードサービス学会『2011 年日本フードサービス学会年報』第 16 号，2011 年

木立真直「変貌を遂げる日本社会と食のライフスタイル」，日本惣菜協会『中食2025』，2015 年

木立真直「中食産業の重層性とこれからの経営戦略」，日本惣菜協会『中食 2025』，2015 年

木立真直「日本における中食産業の発展と産業構造の多層性」，相原修編『ボーダレス化する食』，創成社，2019 年

草刈仁「戦後の食料消費と家計の役割」，『季刊家計経済研究』2009 SUMMER No. 83，2009 年

草刈仁「食料消費の現代的課題─家計と農業の連携可能性を探る」，日本農業経済学会『農業経済研究』第 83 巻第 3 号，2011 年

草刈仁「家計における野菜消費の特徴と今後の見通し」，『農業と経済』第 84 巻第 10 号，昭和堂，2018 年

佐藤康一郎「フードサービスと中食」，日本フードサービス学会編『現代フードサービス論』，創成社，2015 年

茂野隆一「食料消費における家事の外部化─需要体系による接近─」，『生活経済研究』No. 19，2004 年

茂野隆一「食料消費行動分析の動向と展望」，茂野隆一・武見ゆかり編『フードシステム学叢書　第 1 巻　現代の食生活と消費行動』，農林統計協会，2016 年

茂野隆一・武見ゆかり「はしがき」，茂野隆一・武見ゆかり編『フードシステム学叢書第 1 巻現代の食生活と消費行動』，農林統計協会，2016 年

食料・農業政策研究センター編『1989 年版食料白書　自由化時代の食生活』，農山漁村文化協会，1990 年

高橋麻美『よくわかる中食業界』，日本実業出版社，2006 年

時子山ひろみ『フードシステムの経済分析』，日本経済評論社，1999 年

時子山ひろみ・荏開津典正・中嶋康博『フードシステムの経済学第 5 版』，医歯薬出版，2013 年

内閣府『日本経済 2018-2019 ─景気回復の持続性と今後の課題─』，2019 年

中山誠記『食生活はどうなるか』，岩波書店，1960 年

日本惣菜協会編『惣菜白書』，2018 年および各年版.

日本惣菜協会編『中食 2025』，2015 年

農林水産政策研究所資料「人口減少局面における食料消費の将来推計」，2014 年

松村祥子・岩田正美・宮本みち子『現代生活論』，有斐閣，1988 年

御巫理花『働く主婦が食品マーケットを動かす』，日本経済新聞社，1996 年

村上良一「フードビジネスと現代の食」，大塚茂・松原豊彦編『現代の食とアグリビジネス』，有斐閣，2005 年

茂木信太郎『現代の外食産業』，日本経済新聞社，1997 年

茂木信太郎『外食産業の時代』，農林統計協会，2005 年

矢作敏行『コンビニエンス・ストア・システムの革新性』，日本経済新聞社，1994 年

吉田忠 他『食生活の表層と底流』，農山漁村文化協会，1997 年

矢野経済研究所『2017 年版惣菜（中食）市場の実態と将来展望』，2017 年

第8章　地域主導型ブランド・コミュニティ
——スズキ・ハヤブサと鳥取県八頭町「隼駅まつり」の展開——

白　石　秀　壽

久　保　知　一

はじめに

　企業のマーケティング活動は，ブランドを消費者に販売するだけでは終わらない．購買後の消費者に高品質な顧客経験を提供することで，彼らはブランドに強い愛着（attachment）を感じ，長期にわたる優良顧客へと変質する．強いブランドが企業に好ましい影響をもたらすと考えられるからこそ，マーケティング研究者はブランドと消費者行動の関係について多くの研究を蓄積してきた[1]．一方，2000年以降になると，多くの消費者がブランドを核として形成するブランド・コミュニティの存在が見出され，ブランド構築と正の関係を持つことに注目した多くの研究が行われるようになった．

　これまでに研究対象となったブランド・コミュニティの事例は，コミュニティを主導する主体，地理的制約の有無，コミュニケーションの頻度によって分類できる．第1に，主導主体による分類としては，消費者主導で形成されたもの（Apple社のマッキントッシュ）か，企業主導で形成されたもの（ハーレー・ダビッドソン社の同名バイク）がある[2]．第2に，地理的制約の有無にもとづく分類については，地域コミュニティでのフェイス・トゥ・フェイスにもとづくコミュニティ（Muniz & O'Guinn 2001）と，ウェブ上のインタラクションにもとづくコミュニティ（森田 2003；田嶋 2003）がある．第3に，コミュニケーション

の頻度については，継続的に維持されるコミュニティと，間欠的に行われるブランド祭（brandfest）に区分することができる．ただし，これまでのブランド・コミュニティ研究では，地理的制約の下にあるコミュニティであっても，特定の地域に居住する消費者のインタラクションに注目するだけで，地域に居住する非ユーザーや行政の関わりはあまり注目されてこなかった．

　そこで本章では，スズキ株式会社の大型バイクであるハヤブサのブランド・コミュニティとして，鳥取県八頭町における「隼駅まつり」の取り組みを取り上げる[3]．このブランド祭は 2009 年の開始以降，直近の 2018 年で 10 回目を迎えており，2018 年には過去最高の 2,000 台のオートバイと 2,500 人もの来場者を集めている[4]．今では，特定のブランドを核として運営されるイベントとしては日本最大級に成長した[5]．

　この事例は，地域主導で地理的制約の下で行われたブランド祭であり，既存研究では取り上げられてこなかったタイプの事例である．さらにこの事例は，生産者であるスズキがコミュニティの生成当初から強く関与していたわけではない点も興味深い．隼駅まつりは，地域に強くコミットした非ユーザーと，高い道徳的規範を持つハヤブサのユーザーの相互作用によって創発し，極めて多数のライダーを集める大規模なイベントへと発展したのである．

　そこで本章では，企業が主導していないブランド・コミュニティが創発し，発展を続けることができるのはなぜかというリサーチ・クェスチョンをたてて，隼駅まつりを読み解いていく．本章の目的は，理論的概念を用いて事例を読み解くだけではなく，今後の定量的実証研究に向けて概念枠組を提案することにある．本章の構成は次の通りである．第 1 節では，ブランド・コミュニティ研究をレビューし，既存の枠組について検討する．第 2 節では，背景情報として，隼駅まつりの概要を紹介する．第 3 節では，隼駅まつりに関わるプレイヤーについて詳述する．第 4 節では，地域主導型ブランド・コミュニティの可能性について検討し，最終節において結論と今後の研究課題をまとめる．

1．ブランド・コミュニティの既存研究

　ブランド・コミュニティとは，ブランドを核として複数の消費者が相互作用することで形成されるコミュニティである[6]．この分野を切り開いた Muniz & O'Guinn (2001) によると，ブランド・コミュニティとは，専門化し，地理的に制約されないコミュニティであり，特定のブランドの称賛者同士の社会的関係性の構造的な集合にもとづくものである (p. 412)．Muniz & O'Guinn (2001) は，米国中西部の小規模な町においてエスノグラフィーとウェブ上の発言の調査を行い，フォード社のブロンコ，アップル社のマッキントッシュ，サーブ社のサーブを核としたブランド・コミュニティを発見し，さらに，それらのブランド・コミュニティも伝統的なコミュニティ同様に「同類意識 (shared consciousness)」，「儀式と伝統 (rituals and traditions)」，そして「道徳的責任感 (sense of moral responsibility)」に特徴づけられることを見出した。Muniz & O'Guinn (2001) の貢献は，一般的法則や仮説の発見ではなく，コミュニティの分厚い記述 (thick description) にもとづく事実発見にある．

　ほぼ同時期に行われた研究である McAlexander, Schouten & Koenig (2002) は，顧客経験にもとづくブランド・コミュニティであるブランド祭 (brandfest) によるブランド・コミュニティの構築を検討した．検討された従属変数はブランド・コミュニティ統一性 (integration in a brand community) である．これはブランドへの感情的・行動的な愛着を意味するブランド・ロイヤルティと似ているが，消費者のブランド経験に根ざした，より包括的な概念である (p.44)．McAlexander et al. (2002) は，ブランド祭に参加することで参加前よりも，消費者のブランド・コミュニティ統一性が高まることを定量的に示している．彼らの研究は，近接立地の下で頻繁にコミュニケーションをとるブランド・コミュニティだけではなく，ブランド祭のような間欠的なイベントもブランド・コミュニティとして機能することを示した点で貴重である．彼らはさらに Muniz & O'Guinn (2001) が概念化したブランド・コミュニティを一般的ブランド・コミュニティ (図1) と呼び，それに対比させて顧客中心型ブランド・コミュ

図1　一般的ブランド・
コミュニティモデル

図2　顧客中心型ブランド・
コミュニティモデル

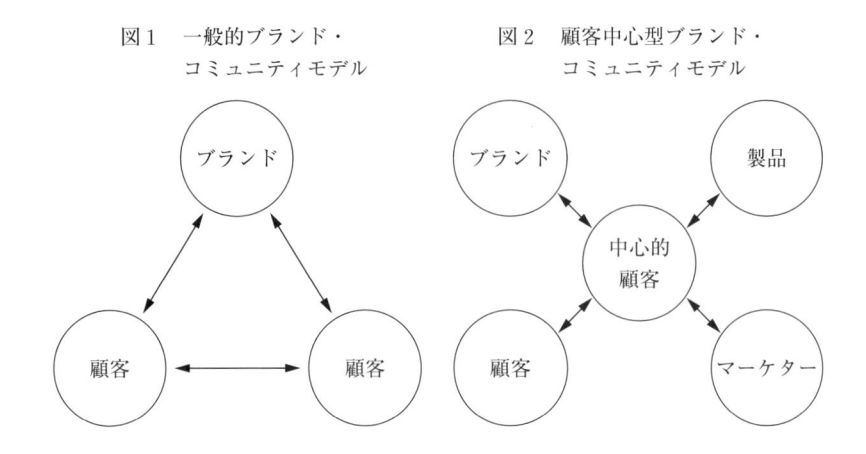

ニティモデル（図2）を提案している.

　一方,Algesheimer, Dholakia & Herrmann（2005）は,ブランド・コミュニティ同一化（brand community identification）という概念を提案した.ブランド・コミュニティ同一化とは,消費者とブランド・コミュニティとの関係性の強さを示す構成概念である.ブランド・コミュニティに強く同一化する消費者は,自分自身をブランド・コミュニティに所属していると解釈する.Algesheimer et al.（2005）は,ヨーロッパのドイツ語圏における多様なブランドのカー・クラブを調査対象として,ブランド・コミュニティの社会的影響が消費者の多様な態度や行動に影響を与えることを示している[7].

　多くの既存研究が,自動車やバイク,あるいはマッキントッシュなどの耐久財のブランド・コミュニティを取り上げているのは,多くの消費者がそれらに高い関与を持っているためである（Algesheimer et al. 2005, p. 20）.ホンダのバイクのネット・コミュニティであるドリームライダーズの事例研究である田嶋（2003）によると,バイクは趣味性が強く,使用シーンの多様性や,同じモデルでも乗り手のスキルによって経験が異なるため,ユーザーの1人ひとりが個性的な情報を発信できる.したがって,ウェブ上のフォーラムには連日のように書き込みが寄せられることになったことが報告されている（153ページ）.

　一方で，大量生産された最寄品のバーチャルなブランド・コミュニティの希少な研究として，Cova & Pace（2006）はフェレロ社のチョコレート・スプレッドであるヌテラの事例を取り上げている．そこでは，ウェブ上のヌテラのコミュニティ（my Nutella The Community）は，消費者間の相互作用ではなく，他の消費者を意識した上で，そのブランドに関連したマークや儀式を用いた自己表出（self-exhibition）にもとづいていることが見出されている．

　ウェブ上のブランド・コミュニティは以前から観察されているが（池尾，2003），リアルのブランド・コミュニティに参加している消費者は減少している（羽藤 2016a, 36 ページ）．水越・及川・日高・太駄（2012）は，ソーシャルメディア上で形成されるブランド・コミュニティに注目し，かつてはウェブ上で自生的に生じていたコミュニティが，ソーシャルメディアの普及によって企業による統制の下に移行しつつあることを示している．

　日本のブランド・コミュニティについての定量的研究としては，羽藤（2015）および羽藤（2016a）があげられる．羽藤（2015）は，楽天の電子書籍専用端末 kobo のネット・コミュニティとして匿名掲示板の「2 ちゃんねる」を対象とする内容分析を行った．その結果，ネット・コミュニティの発言はブランドに否定的なものとなる可能性があり，メンバーとブランドの関係性を弱めうると主張している．また，羽藤（2016a）は，ブランド・コミュニティに対して消費者が自発的に参加するのはなぜかという問いをたてて，何らかのブランド・コミュニティに参加している日本の消費者を対象とした実証研究を行った．自発性（Mathwick Wiertz & Ruyter 2008）とは自らの意思でコミュニティへの参加を望むことであり，羽藤（2016a）は自発性がブランドとコミュニティへの 2 つのコミットメントと正の関係にあることを示している．以上，2 つの研究はいずれもウェブ上のコミュニティを対象として行われた定量的研究である．

　一方，日本のブランド・コミュニティの定性的研究としては，大竹（2010）による MINI の研究，宮澤（2014）による BMW の研究がある．大竹（2010）は，ブランド・コミュニティにおける消費者間の相互作用によって，企業が意図していたものとは異なったブランドの意味が創発するという現象を探究して

いる．ここでは，ローバー社の自動車 MINI のブランド・コミュニティを事例として，広告の内容分析とフィールド調査にもとづいて，企業の意図とは異なる意味が創発したことを見出している．また，宮澤（2014）は，企業主催型ブランド・コミュニティの事例として，BMW の二輪車のディーラーが顧客を対象として展開しているプロペラクラブを取り上げている．とりわけブランド・コミュニティへの自発的参加行動に注目し，それを促進するための企業の取り組みを紹介している．

以上，ブランド・コミュニティに関する研究を俯瞰してきたが，本章が注目するブランド・コミュニティは，既存研究では取り上げられてこなかった事例であることが明らかとなった．既存研究が観察してきたブランド・コミュニティは，メーカー主導か，あるいは消費者主導のいずれかであった．しかし，スズキ・ハヤブサを中核として鳥取県八頭町の隼駅で行われている隼駅まつりでは，地域主導で形成されたブランド・コミュニティが創発し長期にわたって維持されている．地域主導で地理的制約の下で行われたブランド祭が 10 年以上も継続してきたのはなぜかという問いに，既存研究は解答していないままである．

2．隼駅まつりの概要

スズキ株式会社（以下，スズキ）の大型バイクであるハヤブサは，世界最高速（333.95km/h）を誇るマシンである[8]．もともとは欧米市場を対象としたブランドであり，初代である GSX1300R Hayabusa は 1999 年に投入された．それ以降，2007 年までは毎年カラーバリエーションが変更されていた．2008 年にはモデルチェンジが行われ，二代目の Hayabusa1300 が投入された．2014 年，満を持して日本の正式モデル「隼」が投入されることとなった[9]．

一方，鳥取県八頭町には偶然にも隼地区というブランドと同じ名前の地域があった．隼地区を通る若桜鉄道には隼駅という駅があり，ブランド名と駅名が同じであるため，隼駅まつりが始まる前から，ハヤブサのライダー達はこの駅を目指してツーリングをしていた[10]．実際に，2008 年 4 月から 7 月にかけて

図3 2008年8月8日の隼駅

（出所）『Mr. Bike』編集部より写真提供．

は170名のライダーが訪れている[11]．その後，バイク専門誌『Mr. Bike』が隼駅にハヤブサのライダーが集まっていることを知り，8月6日発売の2008年9月号にて「8月8日をGSX1300R HAYABUSAの日」とし，それを祝って昼の12時に隼駅に集合しようと掲載したところ，わずか2日後にもかかわらず当日は7名のハヤブサ・ライダーが集まった（図3）[12]．

　しかし，隼駅は典型的な地方の無人駅であり，1店の雑貨屋を除いて商業施設は全くなかった．遠くからわざわざやって来たライダーにとっては，駅前で写真を撮って帰ることしかできない状況だった．そこで，このイベントが実施されることを知った隼地区の住民は，ボランティアで駅を整備して，冷えたスイカを切って出すなどしてライダーをもてなした．これが2009年から始まる隼駅まつりのきっかけであった．

　隼駅まつりが始まったのは，若桜鉄道の存続が危ぶまれていた時期でもある．2008年，鉄道の運行を若桜鉄道が担い，線路を自治体が管理するという「上下分離方式」への移行が検討されていたものの，運行・運営にかかる赤字

図4　ムーンライトハヤブサでライダーをもてなす地域住民

（出所）『Mr. Bike』編集部より写真提供．

は解消されないと試算されていた[13]．そうした状況にあって，隼地区の住民がライダーをもてなしたことは，「隼駅をなんとかして存続させたい」という願いの表れでもあった．2011年には，隼駅を守る会のメンバーが中心となって，隼駅のすぐ隣にライダーの休憩所として「ムーンライトハヤブサ」をオープンしている（図4）．これは若桜鉄道の協力の下，JR四国から12系という座席車（オハ 12-6）を改造したお座席客車（オロ 12-6）を譲渡してもらい，運搬・設置したものである[14]．

　2009年以降の隼駅まつりの参加者は図5の通り，ほぼ右肩上がりに増えている．2011年は東日本大震災，2014年は台風のために落ち込んだものの，2015年以降の劇的な増加には目を見張るものがある．

　隼駅まつりの詳細は年度によってやや異なるものの，進め方はおおむね毎年同様である．第1回は隼駅前，第2回は隼小学校，第3回以降は船岡竹林公園で開催されている．最新の2018年8月5日（日）に開催された第10回は，隼駅からバイクで5分程度の船岡竹林公園で開催された（図6）[15]．受付では，オ

図 5　隼駅まつりの参加台数の推移

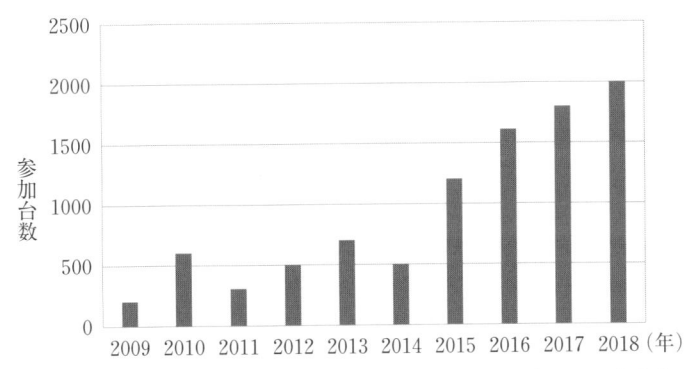

（出所）　ウェブ版『Mr. Bike』編集部（http://www.mr-bike.jp/?p=148481）および スズキ（http://www1.suzuki.co.jp/motor/）のイベントサイトより作成.

図 6　2018 年の隼駅まつりの様子

（出所）　八頭役場より写真提供.

リジナルのハヤブサ・ステッカーや，隼の文字入りのせんべいなどが無料配布 された. スズキからは鈴木俊宏社長が参加し，レーシング・ライダーのトーク ショーも行われた. ステージでは，隼地区婦人の有志による隼音頭，八頭高校 書道部による書道パフォーマンス，鳥取大学ダンス部によるダンス，郡家中北 連による舞などが披露された. ライダー同士の交流を促進するために，ジャン ケン大会やビンゴゲーム，さらには「遠くから来たもんだ賞」として北海道と

熊本県から参加したライダーに賞品が送られた[16].

3. ブランド・コミュニティのプレイヤー

(1) 地域社会──「隼駅を守る会」と八頭町役場

　2009年8月，地域住民は「隼駅を守る会」を立ち上げ，隼駅まつりもこの会を事務局として運営されることとなった．この会は，2008年の若桜鉄道の存続が危ぶまれていた時期に，隼駅を存続させることを目的として生まれた．隼地区の約300戸のうち，会の趣旨に賛同した190人から年会費1,000円を集めて運営されている．先述の通り，この当時は上下分離方式への移行が検討されていた．結果的に，2009年4月，それまで若桜鉄道が所有していた線路および駅施設が自治体（若桜町と八頭町）に譲渡され，若桜鉄道は全国初の公有民営型鉄道会社となった[17]．若桜鉄道の元専務であり，隼駅を守る会のメンバーでもある川戸稔功氏は「隼駅まつりがなければ，この沿線は赤字続きでなくなっていたかもしれない」と語っている[18]．隼駅には，ハヤブサのポスターが掲げられ，訪問ノートが備付けられており，ハヤブサにちなんだ品を販売する休日のみ営業の売店「把委駆（バイク）」がある．この売店は隼駅を守る会によって運営されており，その売上は同会の活動費に充てられている．

　2018年には折からの参加者の激増を受けて，八頭町役場が「隼駅を守る会」に代わって委員会方式で事務局を務めることとなった．ライダーからの問合せや当日の運営業務の増加により，行政の補助が必要となったためである．

(2) ライダー

　ライダーもボランティアとして運営にあたっており，2018年は30名ほどのボランティアが集まった．1,000台を超える大型バイクが一同に介するためには，たんにイベントを告知するだけのプロモーションでは不足である．整然とした移動や駐車など，ロジスティクス面での負担も重い．ハヤブサのライダー達は，バイク雑誌が運営するコミュニティサイトやフェイスブックのグループに加入し，そこで隼駅まつりの情報を知り，当日は連れ立って隼駅を目指すの

である[19].

　興味深いことに，これほどの規模のブランド・コミュニティであるが，排他的でないこともこのイベントの特徴である．2018 年には参加した 2,000 台のうち，ハヤブサはおよそ 7 割程度であり，残りは他メーカーのブランドであった[20]．驚くべきことに，運営ボランティアのメンバーですらハヤブサのライダーは半数ほどである．隼駅で出会ったボランティアのライダーの 1 人は「来る者拒まずでやっているので，性格の不一致などで拒むことはあっても，ブランドで拒むことはない」と述べている[21]．隼駅まつりでは，特定のブランドへの対抗心を軸としてコミュニティが団結する対抗的ブランド・ロイヤルティ（Muniz & O'Guinn 2001）とは異なって，ハヤブサというブランドを核としつつも，ライダーという共有されたアイデンティティを基盤としたコミュニティが観察されるのである．

　ハヤブサのライダー達は初対面であっても同じブランドを愛するユーザーとして，親しく交流している．運営ボランティアは頻繁に連絡をとるだけでなく，ツーリングも行っている．彼らは，たんに仲間と一緒にツーリングを楽しむだけでなく，地域の方々との交流にも積極的で，地域の忘年会やバーベキューにも参加している[22]．とりわけ，運営ボランティアは，隼駅を守る会とともに隼駅まつりを作り上げている重要なプレイヤーである．運営ボランティアを務める永田氏は，年に 1 回の隼駅まつりで真夏に 2,000 台以上ものバイクを誘導することに，ある種の使命を感じていると述べている．

（3） ス ズ キ

　非ハヤブサ・ユーザーへの寛容性を反映して，ブランドの生産者であるスズキの祭りへの関わりは，他の企業主導型ブランド・コミュニティよりも格段に弱いものとなっている．スズキは，初回から「隼駅を守る会」から連絡を受けてこの祭りに関わってきた．当初は二輪車の販売会社であるスズキ二輪が，隼駅に大判の駅スタンプやポスターを送付していたが，徐々に，若桜鉄道にハヤブサのラッピングを施したり，祭りで配布するノベルティ・グッズを提供する

ように関わりを増してきた．後になると，スズキは祭りのメイン会場となる船岡竹林公園のトイレを寄贈しただけでなく，スズキの社長が祭りに顔を出したり，ライダーにとってはヒーローである契約レーサーも参加するようになってきた．

　しかし，隼駅まつりの運営は，「隼駅を守る会」という地域社会とライダーのボランティアによって行われている．スズキとしては，隼駅まつりを「隼のブランド育成という観点から非常に重要なイベント」と位置付けているが，一方で，このイベントをあくまでも「隼駅周辺地域を活性化する地域振興のイベント」とみなしており，「イベントの開催に協力する立場」という一歩引いたスタンスを崩していない．企業として限定的な関わり方をしている点にこの祭りの特徴がある．

⑷　株式会社トリクミの BASE8823

　隼駅の周辺には，商業施設や宿泊施設は何もなく，せっかく隼駅まつりに多数のライダーが集まっても，消費する場所がない状況が続いていた．トリクミは地元出身者を中心とした企業で，鳥取に人が集まれる場所を作りたいという目的を持って設立された．この会社は，隼駅の駅前にて地産地消型のレストラン「HOME8823（ハヤブサ）」と，少し離れた田園地帯でライダー用のゲストハウス「BASE8823」を運営している．社長を務める古田琢也氏は，2017 年に廃校となった旧隼小学校を活用した地方創生拠点施設「隼 Lab.（はやぶさラボ）」を運営するシーセブンハヤブサの社長も兼ねている[23]．

　彼らが運営するゲストハウスの BASE8823 は，ライダーに特化した施設として，興味深いマーケティングを行っている．BASE8823 は，「徹底的にライダーに刺さる宿」を目指して作られた．まず，宿泊者をライダー／非ライダーの 2 つのカテゴリーにセグメンテーションして，ライダーをターゲット・セグメントに設定した．ターゲットであるライダーたちは，バイクに乗って走ることが一番好きな人びとである．しかし，宿泊を伴うツーリングの際には，普通のホテルは大型バイク専用駐車場を併設していないため，愛車が安全に駐車で

きているかが気になって安眠できないという不安を抱えていた．そこで，日本各地にライダーハウスと呼ばれるライダー向けの宿泊施設が作られることとなった．ところが，多くのライダーハウスは旅館業法の適用を免れるために寝具を提供しないことから，ライダーは持参した寝袋を使って大部屋で雑魚寝することになる．大型バイクの運転は体力を消耗するため，夜はしっかりと寝ておきたいところではあるが，ライダーハウスではなかなか安眠できない．一方で，普通のホテルでは愛車のセキュリティが気になって眠れないというジレンマがあった．そこで，BASE8823 はこのジレンマを解決するために，ライダーならではのバイクを通じた交流や，安全に駐車された愛車を眺めながらの食事，さらには整備工具などの貸出など，「ライダーに徹底的に刺さる宿」というポジショニングをとっていった．

　このポジショニングを実現するために，マーケティング手段の各要素が適切に組み合わされている．まず，製品・サービス（Product）としては，広い古民家を安価に入手して，地域のボランティアも巻き込みながら，徹底的にライダー向けに改装した．もともと庭であった場所の塀の内側に大型バイクの駐車場が作られた．しかも，たんに駐車するだけのものではなく，食事や宴会ができるスペースからライトアップされた愛車を眺めることができるような，ショールームのような駐車場が作られた．その結果，ツーリングで県外からやってきたライダーが地元の人びとと交流できるようになっている．部屋は一部屋に複数のベッドが配置されたドミトリー形式である．したがって価格（Price）は，既存のライダーハウスよりは高めではあるが，ビジネスホテルと比較すると安価である．プロモーション（Promotion）には，自社サイトを用いており，ここから部屋の予約も可能である．また，クラウドファンディングを用いた資金調達はプロモーションの役割も果たしている．不特定多数の人びとからネット上で出資を募るクラウドファンディングは，開発段階の時点で製品・サービスを潜在顧客に認知させることができる．実際に，クラウドファンディング・サイトの BASE8823 のページには，ライダーからの応援コメントが寄せられている．チャネル（Place）については，ライダーの聖地である隼駅から近く，場所

の強みがある．2015年に始まったBASE8823は現在では年間1,500人の宿泊者が訪れている．隼駅まつりの際はもちろんのこと，平時でも多くのユーザーに利用されている．

4．地域主導型ブランド・コミュニティの可能性

隼駅まつりは，ライダー，企業，メディアという，既存研究が着目するプレイヤーだけによって創発したものではない．地域社会が，地理的に制約されたフェイス・トゥ・フェイスのブランド祭を支え，主導してきたからこそ生まれてきた．このようなブランド・コミュニティは，地域主導型ブランド・コミュニティと呼びうるであろう（図7）．本節では，隼駅まつりを地域主導型ブランド・コミュニティとして捉えて，その事例をMuniz & O'Guinn（2001）があげた3つのブランド・コミュニティの性質にもとづいて整理する．

(1) 同 類 意 識

同類意識（consciousness of kind）とは，ブランド・コミュニティのメンバーである顧客がお互いに感じている結合感である（Muniz & O'Guinn, 2001, p.418）．メンバーはお互いに同類意識を持つことで共通のものの考え方を共有し，コミュニティの外部者との違いを理解する．隼駅まつりでは，ハヤブサ・ブランド

図7 地域主導型ブランド・コミュニティ

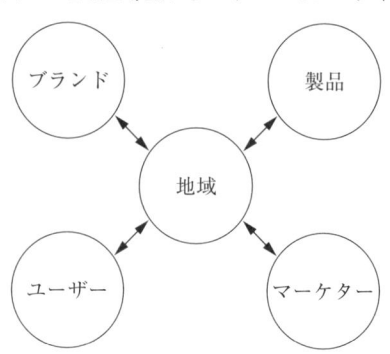

と，自らのマシン（製品）を愛する顧客が，かなりの労力をかけて年に1回遠方から隼駅に集結する．

　意外なことに，ハヤブサのライダーには，60代以上や女性などのビギナーも多い．1975年から1995年までは，大型自動二輪車の免許の取得は限定解除と呼ばれて非常に難しかった．それゆえ，当時その免許を取得できなかった人びとが，せっかく購入するのであればとハヤブサを選ぶのである．ハヤブサの世界最速というわかりやすいブランド・ポジショニングが初心者をひきつけている面がある．

　隼駅まつりは，ハヤブサ・ブランドに固執した排他的コミュニティではない[24]．Muniz & O'Guinn（2001）の調査では，ブランド・コミュニティの中で，強力なライバルブランドを意識して対抗的ブランド・ロイヤルティ（oppositional brand loyalty）を持つユーザーが観察された．たとえば，1990年代後半に圧倒的であったWindowsをマッキントッシュ・ユーザーが敵視することによって，マッキントッシュのユーザーはお互いにより強固に結びついていた．しかし，隼駅まつりはそのような排他性や仮想敵ブランドが存在しない．参加者の3割程度は他社ブランドのユーザーであり，そこにはブランドを超えたライダーという消費意識に根ざしたコミュニティ意識が存在しているものと考えられる．この点について，隼駅まつりのボランティアを務める永田氏は「ハヤブサまつりではなく，あくまでも隼『駅』まつりだから」と述べている．

(2)　儀式と伝統

　儀式と伝統（rituals and traditions）は，コミュニティの意味を強化し，コミュニティの内外へと伝達する社会的プロセスである．儀式とは，メンバーを目にみえるかたちに制度化して社会的結束をあたえるしきたりであり，伝統とは，コミュニティで歴史的に形成された行動規範をメンバーに教育して維持していくプロセスである（Muniz & O'Guinn 2001, p. 421）．制度（institutions）とは，複数の人間が長期にわたって秩序だった行動をとっている状態である．その意味で，儀式と伝統は，コミュニティという制度を維持する機能を持っている．

隼駅まつりという年に一度大規模に行われる祭り（brandfest）は，それ自体
が儀式である．普段は日本全国に散らばり，個々にツーリングを楽しんでいる
ライダーが，年に一度，ライダー達の聖地となった隼駅に目にみえるかたちで
集結しているのである．たとえば，隼駅に集まったライダーは，「同じオート
バイに乗る仲間と出会えるのが魅力」[25]，「年に数回は来ないと」[26]，「聖地に
来られて最高．来たかいがありました」[27]などと述べている．永田氏は「我々
が隼駅まつりに参加するのは，やはり楽しいからだ．参加者の中には，一度で
いいから来てみたかったという人もいる．みんなそれぞれの思いがある．でも，
も，集まる人はみんな笑顔」と述べている．

隼駅を目指す道中も一種の儀式である．隼駅まつりに向かう途中，ライダー
達は休憩のために高速道路のサービスエリアに立ち寄る．すると，自然と交流
が始まる．「毎年，隼地区に帰ってきて，互いの無事を確認するため」である
という[28]．

(3) 道徳的責任感

最後の道徳的責任感（sense of moral responsibility）とは，メンバーがコミュニ
ティと他のメンバーに対して感じる義務感である（Muniz & O'Guinn, 2001,
p.424）．ブランド・コミュニティは，参入・退出の容易なコミュニティである
ため，問題があればすぐに退出できる．しかし，道徳的責任感を持ったメンバ
ーは，問題を解決するべく発言（voice）し，問題解決にコミットする[29]．この
点について「隼駅を守る会」の西村会長は「最初は暴走族が来たのかと思った
が，来ている人をみてみるとまったく違ってマナーの良い人びとだった」と述
べて，ハヤブサのライダー達の良好なマナーを称賛している[30]．高価格帯のハ
ヤブサのライダーは，比較的高所得で社会的地位の高い人が多いため，一見す
ると，ハヤブサのブランド・コミュニティはそもそもモラルが高い人びとから
構成されているとも解釈できるかもしれない．しかし，それだけではない．ハ
ヤブサのライダー達のマナーの良さは地域住民との相互作用によって生まれて
いるのである．若桜鉄道の社員であり，自身もライダーである谷口氏は「地域

の人びとが快く迎えてくれるからこそ，地域に迷惑をかけられないと皆が思っている」と語っている[31]．永田氏は，「ハヤブサは自制心がないと乗れないバイク．300km/h 以上のスピードが出るけれど，出すことはない．ハヤブサ乗りは節度を持っている」と述べている．

おわりに──創発するソーシャル・マーケティング

かつて Kotler & Levy（1969）は，マーケティング概念の拡張を意図して，企業主体の経営管理手法としてのマーケティングと対比して，社会問題解決のためのマーケティングとして，ソーシャル・マーケティングを提唱した．一方，隼駅まつりの事例の検討を通じて本章が見出したのは，地域，ブランド，製品，消費者など，異なった関心を持った多様な主体が相互作用することで，秩序だった制度としてのソーシャル・マーケティングが創発する可能性であった．

本章は，これまでに研究されてこなかった，地域主導による，地理的に制約された，間欠的ブランド祭についてのパイロット・スタディであり，一定の発見的価値がある．既存研究が観察してきたブランド・コミュニティは，メーカー主導か，あるいは消費者主導のいずれかであった．しかし，本章で見出したブランド・コミュニティは地域が主導するものであった．この事例には，たんに主体が異なるという以上の発見がある．なぜなら，隼駅まつりは，地域主導であったからこそバイク・イベントとして継続できているからである．バイクには負の外部性がある．バイク・イベントは盛況であるほど，そして規模が大きくなるほど，継続的な開催が困難になる．たとえば，規模が大きくなるにつれて，空吹かしや急加速をしたり，大声で騒いだり，ごみを放置したり，迷惑駐車をしたりするライダーが出てくるかもしれない．他の地域では，そうしたライダーが増えた結果，住民の理解が得られなくなり，中止になったバイク・イベントもあるという．興味深いことに，2,000 台ものバイクが集まった 2018 年の隼駅まつりであっても，そして平時であっても，迷惑行為を行うライダーはほとんどみられなかった．このような環境を，隼駅を守る会が中心となっ

て，地域社会が作り上げたのである．この環境づくりには，地元警察の協力も欠かせない．隼駅を守る会が呼びかけて，ハヤブサのライダーを対象とした郡家警察署による運転技術に関する講習会が開かれたり[32]，白バイが先導する交通安全パレードなどが行われていたりしている[33]．

また一般的に，メーカーやライダーがイベントを主催すると，バイクを中心としたイベントになる[34]．しかし，隼駅まつりは，バイク業界の事情を知らない地域住民や役場が運営主体となっているため，いわば，日本の田舎の夏祭りの様相を呈している．ハヤブサ・ライダーのモラルの高さに加えて，地域が主導したからこそ，隼駅まつりは日本最大級のバイク・イベントとして継続し，新しいかたちのブランド・コミュニティが創発されたのである．

本章には残された課題も多い．第1に，今後，関係者に対するさらなるヒアリングによる事実発見と，地域主導型ブランド・コミュニティの概念枠組の精緻化が必要となるだろう．本章は，Muniz & Guinn（2001）が発見したブランド・コミュニティの特徴からハヤブサのブランドコミュニティについて検討した．Muniz & Guinn（2001）の研究では，観察から帰納的にブランド・コミュニティの特徴を見出していた．それゆえ，今後の調査によっては，地域主導型ブランド・コミュニティならではの特徴を見出すことができるかもしれない．

第2に，経験的にテスト可能な仮説の導出とその実証が必要である．本章は，ブランド・コミュニティへの参加がブランドへの愛着をどのように高めるのかというブランド・コミュニティ研究の主要な問いに解答することができていない．今後，地域主導型ブランド・コミュニティへの参加が，ブランドへの愛着を高めるのか，さらにいえば，隼駅まつりへの参加がブランド・コミュニティ統一性（McAlexander et al., 2002）を高めるのかという研究課題に取り組む必要があるだろう．

謝辞　ヒアリングにご協力頂いた西村昭二氏（隼駅を守る会），永田正一氏（隼ライダー），保木本幸雄氏，野田大和氏（八頭町役場），山田景氏（株式会社トリクミ），谷口剛史氏（若桜鉄道株式会社），青山佳峰氏（ウェブ版『Mr.Bike』編集

部），村上茂氏（スズキ株式会社二輪事業本部），松田敦樹氏（中央大学商学部 2 年）に感謝します．

　ヒアリング実施日：2018 年 10 月 15 日（松田氏），2018 年 10 月 16 日（西村氏，保木本氏，野田氏，山田氏），2018 年 11 月 9 日（青山氏），2018 年 11 月 12 日（谷口氏），2018 年 12 月 4 日（永田氏），2019 年 3 月 4 日（村上氏）．

1)　小野（2002）．
2)　Fournier & Lee（2009）および Teerlink（2000）を参照のこと．
3)　八頭町における企業家的企業として，農業生産法人・有限会社ひよこカンパニーがある．この会社が経営する「大江ノ郷自然牧場」の事例については白石・小野（2019）を参照のこと．
4)　『広報やず』162 号，2 ページ，2018 年 9 月 1 日発行．
5)　『Mr.Bike』編集部での聞き取り．
6)　この分野の邦文レビュー論文には，久保田（2003），宮澤（2012），羽藤（2016b）がある．
7)　意図については，ブランド・ロイヤルティ意図，会員資格継続意図，コミュニティ推奨意図，コミュニティ参加意図の 4 つがあげられている．一方で行動についてあげられたのは，ブランド関連購買行動，コミュニティ会員資格継続，コミュニティ推奨行動，コミュニティ参加行動の 4 つである．
8)　ハヤブサの最高速については，諸説ある．ハヤブサが市場に出た当初，あらゆるメディアがこぞって本当に 300km/h 以上が出るのかを計測したという（バイク専門誌『モトレジェンド Vol. 7』より）．公式には，1999 年に自動車研究所テストコースで記録された 312.29km/h とされており，この記録はギネスブックに世界最高速のバイクとして登録されている．なお，非公式記録ながらも，現在の世界記録は 2018 年 6 月 30 日にカワサキ H2R がトルコの公道を封鎖して出した 400km/h である．
9)　ただし，国内仕様車にはリミッターがかけられているため，本来の性能を出すことはできない．したがって，マニアは欧米仕様車を逆輸入で購買することを好んでいる．
10)　隼駅は 1930 年に開業し，2008 年にはその駅舎が国の登録有形文化財として認定された．
11)　『朝日新聞』鳥取全県，34 面，2008 年 8 月 9 日．
12)　隼駅には，ハヤブサのポスターが貼られている．このポスターには次のような経緯がある．『Mr.Bike』が呼びかけを行う以前の 2008 年 4 月，若桜鉄道の谷口剛史

氏が偶然にも隼駅で写真を撮っているライダーを見かけ，彼らにスズキのノベルティを配布したいと思いたって，知人を通してスズキからポスターを譲り受けた．

13）『朝日新聞』鳥取全県，32 面，2008 年 12 月 14 日．

14）ムーンライトハヤブサの設置にあたる費用は，隼駅を守る会のメンバーによる募金活動によってまかなわれた（若桜鉄道谷口氏への電話インタビュー）．

15）『広報やず』162 号，2 ページ，2018 年 9 月 1 日発行．

16）さらに，日本郵便では，隼駅のある中国支社と，スズキのある東海支社が合同で隼駅まつりを記念したオリジナルフレーム切手セットを限定販売している．

17）『朝日新聞』鳥取全県，27 面，2009 年 4 月 9 日．

18）2014 年 12 月号『Motorcyclist』．

19）鳥取県内の参加者よりも県外からの参加者が大半を占めるというのも 1 つの特徴である．2014 年 12 月号のバイク専門誌『Motorcyclist』によれば，第 6 回隼駅まつりでは 534 台中県内ナンバーは 80 台であったのに対し，残りはすべて県外ナンバーで，最も遠方では北海道からの参加者もいた．

20）永田氏および八頭町役場の保木本氏からの聞き取り．

21）2018 年 10 月 20 日，隼駅にて聞き取り．

22）永田氏からの聞き取り．

23）『朝日新聞』鳥取全県，34 面，2008 年 8 月 9 日．

24）隼駅まつり自体は排他的コミュニティではないものの，運営主体である八頭町役場には非ハヤブサ・ユーザーからの隼駅まつりに参加可能かどうかの問い合わせがある（八頭町役場での聞き取り）．

25）『朝日新聞』鳥取全県，27 面，2010 年 5 月 12 日．

26）『朝日新聞』鳥取全県，27 面，2010 年 5 月 12 日．

27）『朝日新聞』鳥取全県，34 面，2014 年 10 月 13 日．

28）永田氏からの聞き取り．

29）Hirschman (1970).

30）八頭町役場での聞き取り．

31）若桜鉄道谷口氏への電話インタビュー．

32）『朝日新聞』鳥取全県，27 面，2015 年 10 月 31 日．

33）永田氏からの聞き取り．

34）『Mr.Bike』編集部での聞き取り．

参考文献

池尾恭一編『ネット・コミュニティのマーケティング戦略—デジタル消費社会への戦略対応—』，有斐閣，2003 年

大竹光寿「ブランド・コミュニティにおける創発：自動車 MINI をめぐる意味創造を事例にして」，『消費者行動研究』16 (2)，2010 年，51-74 ページ

小野晃典「ブランド力とその源泉」，『三田商学研究』45 (1)，2002 年，13-40 ページ

久保田進彦「リレーションシップ・マーケティングとブランド・コミュニティ」，『中京商学論叢』49 (2)，2003 年，197-257 ページ

白石秀壽・小野晃典「アグリ×エリア・マーケティング：大江ノ郷自然牧場による六次産業化の挑戦」，『マーケティング・ジャーナル』(in press)，2019 年

田嶋規雄「マニア市場の囲い込みとマス市場の取込み ① ホンダ・ドリームライダーズ」，池尾恭一編『ネット・コミュニティのマーケティング戦略：デジタル消費社会への戦略対応』第 7 章，有斐閣，2003 年

羽藤雅彦「ネット・コミュニティにおける発言の多様性：電子書籍専用端末に関する内容分析」，『広告科学』61，2015 年，17-28 ページ

羽藤雅彦「ブランド・コミュニティへの参加を促す要因に関する研究」，『流通研究』19 (1)，2016 年 (a)，25-37 ページ

羽藤雅彦「ブランド・コミュニティ概念の再検討」，『流通科学大学論集』28 (2)，2016 年 (b)，1-22 ページ

水越康介・及川直彦・日高靖・太駄健司「新しいブランドコミュニティとしてのソーシャルメディア：コミュニティ・マネジャーの可能性」，『マーケティングジャーナル』32 (2)，2012 年，64-83 ページ

宮澤薫「ブランド・コミュニティ研究の発展と今後の展望」，『CUC view & vision』33，2012 年，4-10 ページ

宮澤薫「消費者の自発的参加行動の促進に向けたブランド・コミュニティの活用」，『千葉商大 論叢』51 (2)，2014 年，137-155 ページ

森田正隆「製品関与が高い市場での相互作用 ① パナソニック・レッツノート」，池尾恭一編『ネット・コミュニティのマーケティング戦略：デジタル消費社会への戦略対応』第 7 章，有斐閣，2003 年

Algesheimer, R., Dholakia, U. M., & Herrmann, A., The social influence of brand community: Evidence from European car clubs. *Journal of Marketing*, 69 (3), 2005, pp. 19-34

Cova, B. & Pace, S., Brand community of convenience products: New forms of customer empowerment–the case "my Nutella The Community". *European Journal of Marketing*, 40 (9/10), 2006, pp. 1087-1105

Fournier, S. & Lee, L., Getting brand community right. *Harvard Business Review*, 87 (4), 2009, pp. 105-111

Hirschman, A. O., *Exit, voice, and loyalty: Responses to decline in firms, organizations, and states*, Cambridge: Harvard University Press, 1970（矢野修一（訳）『離脱・発

言・忠誠：企業・組織・国家における衰退への反応』ミネルヴァ書房，2005 年）

Kotler, P., & Levy, S. J., Broadening the concept of marketing. *Journal of Marketing*, 33 (1), 1969, p. 1015

Mathwick, C., Wiertz, C., & Ruyter, K., Social capital production in a virtual P3 community. *Journal of Consumer Research*, 34 (6), 2008, pp. 832-849

McAlexander, J. H., Schouten, J. W., & Koenig, H. F. Building brand community. *Journal of Marketing*, 66 (1), 2002, pp. 38-54

Muniz, A. M., Jr. & O'Guinn, T. C., Brand community. *Journal of Consumer Research*, 27 (4), 2001, pp. 412-432

Teerlink, R., Harley's leadership u-turn. *Harvard Business Review*, 78 (4), 2000, pp. 43-48

付録　二輪車市場の概要

　日本の二輪車市場を，軽二輪（126-250cc）と小型二輪（251cc 以上）に区分すると，保有台数は，2017 年 3 月末の時点で軽二輪が 1,961,109 台，小型二輪が 1,641,580 台であり，軽二輪は頭打ちであるが，小型二輪は増加傾向にある（付図 1）．一方，新車販売台数については，いずれも減少傾向にある．新車はあまり売れないが保有台数は伸びていることから，車齢が上昇していることが窺われる（付図 2）．

付図 1　軽二輪車・小型二輪車の保有台数の推移

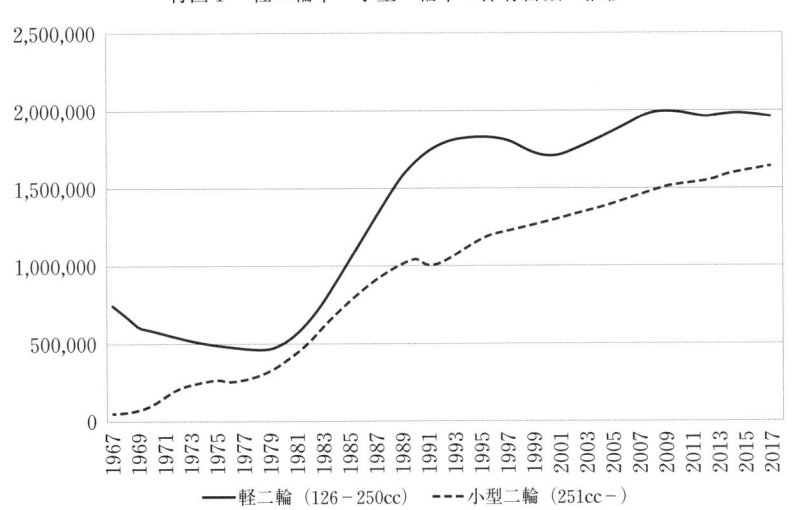

（出所）　全国軽自動車協会連合会のサイトより筆者作成（https://www.zenkeijikyo.or.jp/
　　　　statistics）．

付図 2　軽二輪車・小型二輪車の新車販売台数の推移

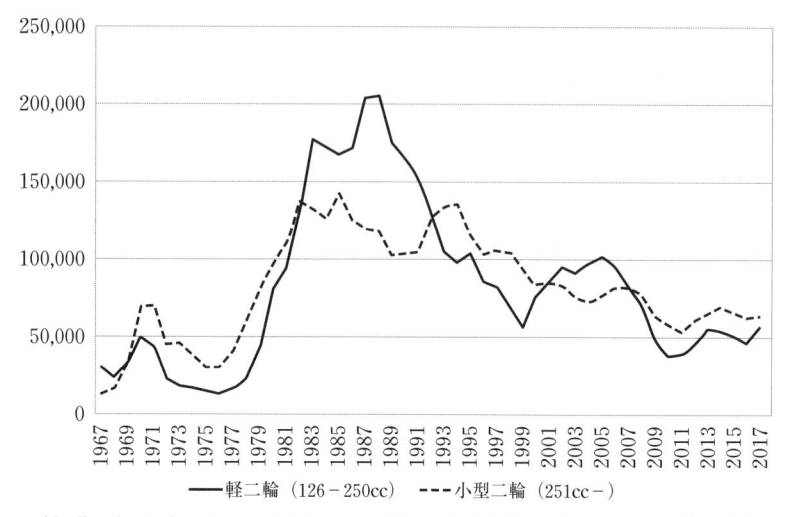

（出所）　全国軽自動車協会連合会のサイトより筆者作成（https://www.zenkeijikyo.or.jp/
statistics）.

第9章　中世ハンザ都市の近代都市化移行過程の比較研究

斯　波　照　雄

はじめに

　北海，バルト海商業圏において17世紀前半の三十年戦争期にハンザは終焉をむかえたが[1]，ハンザを形成していた中世ハンザ都市は近代都市へと移行し現在にいたる．しかし，中世ハンザ都市の近代都市への移行過程については，そのなかでもとりわけ大都市に成長したハンブルク Hamburg や，ハンザの領袖都市リューベック Lübeck といった代表的なハンザ都市についてすら先行研究は多くはない[2]．中世ハンザ都市の近代都市化を考える上でヴェント諸都市 Wendische Städte と呼ばれる中堅ハンザ都市ロストク Rostock，シュトラールズント Stralsund，さらに東方のポーランドの港湾都市シュテティン Stettin やダンツィヒ Danzig についても考慮する必要があろう．そこで本章では，まず，17世紀～18世紀の政治環境と経済状況の変遷を概観した上で，これらの都市の海上貿易事情を通して近代都市化の過程を比較検討整理して，中世ハンザ都市の近代都市化への過程の共通点ならびに各都市の固有の特徴を明らかにしてみたい．

1．17～18世紀の北海・バルト海地域の政治経済動向

　三十年戦争半ばの1630年にハンブルク，リューベック，ブレーメン Bremen の3都市間で「同盟」が締結され，軍事的協力関係が形成されたが[3]，ハンザの衰退は決定的であった．1643年にはオランダと結んだスウェーデン

とデンマークとの間で戦争が勃発し，デンマークが敗北した結果，オランダの
バルト海 Ostsee 進出が急激に進展していく[4]．三十年戦争が終焉をむかえた
17世紀後半以降スウェーデンが隆盛を極めるが，18世紀初頭に北方戦争が勃
発し，当初優勢なスウェーデンであったが，ロシアに敗北してバルト海地域に
おける影響力は後退した．この戦争で逆にデンマークは大陸側にシュレスヴィ
ッヒ Schleswig を獲得し，ロシアはフィンランド東部やバルト海南部エストニ
アなどを獲得しバルト海への進出を果たすとともにバルト海の制海権を掌握
し，18世紀後半のポーランド分割にいたる[5]．こうしたバルト海域を囲む各国
の政治勢力の変化を背景に本格的な大洋貿易は進展し，まずはオランダが貿易
の主導権を握り，続いてフランス，イギリスが植民地物産貿易を展開してい
く．しかし，18世紀も終盤になると，スウェーデンが対トルコ戦争に忙殺さ
れていたロシア軍との海上戦を制した．

　この間のスウェーデンの交易の状況を塩貿易からみる限り，18世紀初頭の
北方戦争期に急減した後，18世紀後半にスウェーデンはバルト海東岸地域の
権益を失ったといわれるが，1720年代には貿易量は急増し，18世紀半ばには
さらに増加し，安定した貿易量を維持している[6]．リューベックをはじめロス
トク，シュトラールズント，シュテティンなどのバルト海沿岸都市は北欧諸国
の抗争，盛衰に大きな影響を受けていたと思われる．ハンブルクでも三十年戦
争期にデンマークとシュレスヴィヒ・ホルシュタイン Holstein の抗争が生じ
るなど17世紀前半には周辺地域の混乱が生じていた．

　北海・バルト海を繋ぐ東西貿易の主要路は，16世紀以降次第にユトラント
Jütland 半島の付け根にあるリューベック，ハンブルクの港を経由して内陸を
横断するルートから，半島を迂回するルートが多く利用されるようになった．
ズント Sund 海峡の航路はフィン Fyn 島の両側が使用され，どちらも航海上の
難所であったが，航海技術の向上とともに，遠回りではあるが荷の積み替えの
必要がなく大量に物資が輸送できる海上路が主流になったのである．これは，
遠隔地貿易の仲介貿易を経済基盤とするリューベックにとっては以後の都市経
済上重要な問題であった[7]．他方で，16世紀以降には多数のデンマークの漁

師，農民の小型船がリューベックに入港しており，17 世紀には多数のシュレスヴィヒ・ホルシュタインやデンマークの漁師，農民によるリューベック市場における小規模取引が急増していたことが知られている[8]．

　そうした地域内での商業が活発になったのと同じ時期に市民等の都市内不動産やその権利の取得が増加していることが知られている．それは，あくまでも「投資」であり，不動産の使用，利用を目的としたものではなく，商業への「投資」資金の温存であったと考えられる．不動産への「投資」は安全ではあるが，収益率は貿易におよばず，「投資」回数も商業では多数である可能性があったからであった．不動産への「投資」が増えるということは，商業利益が得られているからであり，商業活動等が活発であり，景気がよいと理解されているのである[9]．16 世紀から 18 世紀にいたる都市リューベックの景気動向について家屋の売買件数から推定されている[10]．1500 年頃まで 1 世紀にわたり続いた不動産売買回数の減少傾向はおよそ 16 世紀初頭最少回数を記録した後回復傾向に入り，17 世紀の三十年戦争期までおおむね上昇を続けた．その後再び下降傾向に入るもののその下降は緩やかであった[11]．すなわち，リューベックの景気は 16 世紀初頭から 17 世紀中葉にかけて 150 年にわたり良好であり，以後おそらくは近隣海域であり，北海への貿易路にもあたる地域でのデンマーク，スウェーデン間のスコーネン Schonen 戦争とも関連して 17 世紀末まで景気は停滞するものの極端には悪化していないと考えられているのである．

2．17 ～ 18 世紀のハンザ都市の北海・バルト海の塩，穀物貿易

　ハンザ都市の貿易を考える上で船舶の建造動向やその積載力の変化は重要な問題であろう．リューベックの造船業では，三十年戦争前の 1560 ～ 1600 年には 2,450 隻，積載量の合計 30 万トン弱の船舶が建造されていたという[12]．リューベックの造船業は 17 世紀後半以降停滞から衰退に向かったと思われるが，リューベックの貿易と同様の動向を示しているように思われるのである[13]．すなわち，17 世紀前半の三十年戦争期におけるズント海峡の都市リューベックの通行船舶数はハンザ都市のなかでは多く，三十年戦争の終盤には増加して

表1　17世紀前半のズント海峡における主要国，都市通行船舶数

（単位；隻）

年	1609	1619	1629	1640	1650	1657
オランダ	2,280	2,771	1,257	1,238	2,095	1,001
イギリス	335	223	201	387	134	89
リューベック	105	76	115	182	132	119
ハンブルク	44	52	49	—	50	7
ロストク	185	212	47	40	47	62
ヴィスマール	7	15	1	—	2	1
シュトラールズント	124	194	59	44	131	14
ダンツィヒ	31	9	—	88	49	11

（注）　イギリス船はイングランド船とスコットランド船の合計.
（出所）　*Tabeller over Skibsfart og Varetransport gennem Øresund 1497–1660*. Førster Del. より作成.

いる[14]. ハンザは終焉をむかえたが, リューベックはなお活発な貿易を展開
していたといえよう.

　表1のように, 17世紀前半の三十年戦争勃発期にいたるズント海峡のロス
トク, シュトラールズントの船舶通行数はリューベックよりも多かったが, 三
十年戦争中に両都市は戦禍の影響を受け大きく減少したのに対し, リューベッ
クは変動はあったものの維持された[15]. しかし, 戦後の一時期にはとくにシ
ュトラールズントの増加が顕著であった.

　中世においてリューベックにとって極めて重要な商品のリューネブルク
Lüneburg塩の輸出量は16世紀初頭には明らかに減少している[16]. しかし一
方で表2のように, リューベックはフランスなど西方からの塩貿易に参入し,
17世紀末まではその輸送量はオランダ, イギリスに次ぐものであった. だが,
17世紀末にはダンツィヒの塩輸送量が増加し, 全体に占める割合も増し北方
戦争の終焉後スウェーデンの塩輸送量が急増し, オランダが塩輸送量を維持す
るなかで, 18世紀後半にはリューベックの塩輸送量は減少していった. ハン
ブルクの塩輸送量はもともと多くはなかったが, 17世紀後半から18世紀初頭

まで減少を続け，一旦回復するものの以後少ない輸送量で推移していた．16世紀末のシュトラールズントの塩輸送量は少ないながらも年平均では一定の数字を示していたが，以後停滞した．しかし，表2のように，1740年代に増加した後1760年代には輸送量の減少したリューベックを超えた．これに対し，18世紀におけるロストクの塩輸送量は終始低調で推移していた．

　三十年戦争後の17世紀後半以降18世紀後半までズント海峡を西方に通過するバルト海の穀物量は低下傾向にあったと思われる[17]．表3のようにハンブルクのバルト海から西方への生活物資の穀物輸送量は，三十年戦争期の1630

表2　西方からバルト海への塩の国，都市輸送船籍別年平均取扱量

（単位 Last：ラスト）

年	1721-30	1731-40	1741-50	1751-60	1761-70	1771-80
オランダ	11,961	11,839	15,405	13,447	15,179	12,204
イギリス*	4,454	3,483	1,111	1,735	1,739	4,204
スウェーデン	3,626	5,926	8,589	8,313	9,581	9,828
リューベック	1,306	681	1,555	645	217	280
ハンブルク	280	77	76	78	41	64
シュトラールズント	131	185	400	153	252	259
ダンツィヒ	2,362	1,929	3,824	4,572	4,561	2,895
全　体	26,246	26,635	35,290	33,886	38,153	37,991

　（注）　＊イギリスはイングランドとスコットランドの合計額．ただし，1733，1735-37，1739年はイングランドのみ．
（出所）　*Tabeller over Skibsfart og Varetransport gennem Øresund 1661-1783.* Anden Del, Andet Halvbind I, II. より作成.

表3　17世紀前半のバルト海からのハンブルク船の年平均穀物輸送量
　　　（ズント海峡通過量）

（単位 Last：ラスト）

年	1611-20	1621-30	1631-40	1641-50	1651-57
大麦 / 小麦 / ライ麦	499	696	2	529	216

（出所）　*Tabller over Skibsfart og Varetransport gennem Øresund 1497-1660.* Anden Del, S. 264ff. より作成.

表4 リューベック，ロストク，シュトラールズントによるバルト海地域から
西方への穀物のズント海峡年平均輸送量　　　　　（単位 Last；ラスト）

年	1661-70	1671-80	1681-90	1691-1700	1701-10	1711-20
リューベック	365	161	719	336	211	392
ロストク	481	144	188	93	158	40
シュトラールズント	14	2	5	9	47	12

年	1721-30	1731-40	1741-50	1751-60	1761-70	1771-80
リューベック	175	350	195	220	262	600
ロストク	107	63	212	274	793	1022
シュトラールズント	564	265	111	170	669	836

（出所）　*Tabeller over Skibsfart og Varetransport gennem Øresund 1661–1783*. Anden Del, Førster Halvbind, Andet Halvbind I, II. より作成.

年代を除き一定量の輸送がみられるものの増加は認められず，以後も変わらない．表4のように18世紀後半以降のリューベックによる穀物輸送量は総量に対して多くはないものの安定しているように思われる．ロストクによるバルト海から西方への生活物資の穀物輸送量は，17世紀中頃にはリューベックを上回っており，以後低迷するものの18世紀中頃から末に向け安定から増加へと転じ，リューベックを超えた．シュトラールズントも18世紀初頭まで極めて少ない輸送量であったが，ロストク同様1760年代以降リューベックを超える輸送量に成長したのである．このように隣接する地域に位置する中規模ハンザ都市といえども各都市には生活物資の貿易においてすら明らかな相違がみられ，しかもそれはリューベックよりも遅れて進展し，リューベックを超えていったのである．

　ハンブルクの塩の輸送量は少なく，リューベックにはもちろん，18世紀30年代以降シュトラールズントにも及ばない．穀物輸送量も総体的に少なく，17世紀中葉においてリューベック，ロストクに及ばない．このように生活上必要な嵩高の商品貿易についてハンブルクは他のハンザ都市に比べ弱体であったこ

とがわかる．すなわち，ハンブルクはより利益幅が大きかったと推測できる植民地物産等の貿易に特化していたと推測されるが，同時に嵩高の生活必需品貿易では，都市規模や地域の相違によるというよりも，各都市の個性の相違による相違があったように思われる．

3．17 〜 18 世紀のハンザ都市の北海・バルト海のワイン，植民地物産貿易

　旧来からの生活必需品の貿易に対し，新たな貿易品の輸出入動向は各都市で異なる動きをみせた．表 5 のようにハンブルクは 18 世紀初頭にもともと多かったワインの輸入額を急増させ，表 6 のようにワインによる消費税収入を増大させた．ワインの市内消費の増大からはハンブルクの市民生活における飲物事情の変化や市民の経済力向上と市の経済発展も類推できよう．しかし，ハンブルクによる海峡経由でのワインの再輸出量は多くない．ハンブルクでは自市産ビールの販売網が形成されていたと思われ，輸入されたワインはその販売網を利用して，周辺地域やエルベ河上流地域などに再輸出されたと考えられるのである[18]．これに対しリューベックが海峡経由でバルト海地域にもたらしたラ

表 5　ハンブルクのワイン輸入額

（単位 Mk：バンコマルク）

年	1703	1706	1713
ワイン輸入額	441,500	733,656	934,721

（出所）　E. Baasch, Zur Statistik des Ein- und Ausfuhrhandels Hamburgs Anfang des 18. Jahrhunderts *HGbll*, Bd, 54. 1929, S. 90-116.

表 6　ハンブルクのワイン消費税収入

（単位 Mark：リューベックマルク）

年	1700	1705	1706	1710	1715	1720
ワイン消費税	11,493	10,905	58,951	23,269	37,128	69,520

（出所）　E. Baasch, Weinakzise und Weinhandel in Hamburg, *ZVhG*, Bd. 13, 1908, S. 96, 137.

表7　ハンザ都市のラインワイン以外のワインのズント海峡年平均輸送量

(単位：リットル)

年	1721-30	1731-40	1741-50	1751-60	1761-70	1771-80
リューベック	1,757,757	1,944,275	2,450,781	2,235,714	1,795,331	2,264,664
シュテティン	209,567	543,323	1,363,856	1,353,011	648,884	1,995,665
ダンツィヒ	998,594	695,376	1,777,661	2,014,572	1,703,546	745,574

（注）　1 Fade = 927 リットル，1 Piber = 2 Oxh = 464 リットルと換算（Den Store Danske Encyklopædi, Gyldendal）.

（出所）　*Tabeller over Skibsfart og Varetransport gennem Øresund 1661–1783.* Anden Del, Andet Halubind I, II. より作成.

インワイン以外のワイン（以下「他のワイン」と略す）の貿易量は 17 世紀末と，おそらくは北方戦争との関連で 18 世紀初頭にはほとんど記録のない年があったが，その後 1740 年代まで顕著な増加傾向を示した．しかし，18 世紀後半以降貿易量は高水準で維持されたものの，停滞傾向を示した．

　周辺の中堅ハンザ都市ロストク，シュトラールズントの「他のワイン」の輸送量は，ロストクで 1660 年代に一時リューベックの 1 割程度の輸送量となったが，「他のワイン」の取扱量は相対的に少ない．シュトラールズントの場合，ワイン貿易は 1710 年代までほとんど記録がなく，1720 年代から次第に輸送量が明らかとなるが，その輸送量は極めて少なく，1740 年代からわずかな量が示されているに過ぎない．ハンブルクもワインの輸入額と消費税が急増した 1710 年代以降も「他のワイン」のズント海峡経由の東方への再輸出量はわずかなままであった．これに対し，ヴァイクセル Weichsel 河河口のダンツィヒの輸送量は，北方戦争期の 1701 ～ 1710 年の年平均 32 万リットル余から 1711 ～ 1720 年には 1,168 万リットル弱にまで増加し，表 7 のように 1750 年代には最大となり，18 世紀後半には減少傾向を示すにいたる．また，地理的にリューベックとダンツィヒの中間に位置するシュテティンの「他のワイン」輸送量は 1720 年代から増加し始め，ダンツィヒに代わるかのように 1770 年代に急増する．シュテティンは植民地物産も 17 世紀末から 18 世紀初頭にかけて減少するものの，以後 18 世紀末まで輸送量や総量を増加させた[19]．バルト海沿岸地

表 8　植民地物産ズント海峡年平均輸送量，総通過量

（単位千 Pund：千プンド）

年	1721-30	1731-40	1741-50	1751-60	1761-70	1772-81
リューベック	164	228	468	368	138	917
ロストク	10	0	13	33	145	214
シュトラールズント	20	116	274	351	213	164
シュテティン	23	146	435	1,473	2,435	6,869
ハンブルク	1,618	1,073	2,322	3,170	8,792	8,450
総　量	7,553	8,556	10,296	12,844	21,819	31,808

（注）　突出した数値を示す 1771 年を除外して作成.
（出所）　表 7 に同じ.

　域の都市では，北欧諸国ならびにロシアの政情が貿易に大きな影響を与えたと考えられる.

　ハンブルクの植民地物産貿易が 18 世紀初頭以降急増し，増加し続けたのに対しリューベックは 1740 年代には植民地物産貿易総量の 4.6% を占めるにいたったが，1760 年代には急減している．リューベックの場合海峡を通過する全体量に占める割合は低かった（表 8 参照）．それに対しロストクの植民地物産の貿易量は関税帳簿には 18 世紀中葉になって初めて継続的に少量があらわれるようになり，1760 年代にリューベックの貿易額が減少したこともあり，ほぼ同額となった．シュトラールズントでも 1730 年代から植民地物産貿易が継続的に行われるようになった．これらのことは，おそらくは 17 世紀中頃までは，中堅のハンザ都市は東方もしくは後背地からの食料貿易には携われても，西側からのワイン，植民地物産貿易という大きな利益の得られる貿易には参入できずにいたことを示すものであり，その時点では植民地物産貿易などでも一定の割合をリューベックは維持できたと思われる．しかし，周辺の中堅ハンザ都市やさらに東側のシュテティンの 18 世紀後半の貿易量の増加は急激であり，それらの参入が競合するリューベックの植民地物産貿易の衰退を決定づけたように思われるのである.

　他方ハンブルクは18世紀末に植民地物産のなかでも砂糖の取扱量を上下動はあるものの確実に増加させていったと思われる．主要な輸入元と考えられるイギリス，フランスからのハンブルクの砂糖輸入量は，フランス革命後にフランスからの輸入量が減少し，さらに1797年以降フランスからの輸入量は明らかではない（表9参照）．しかし，イギリスからの砂糖輸入量は上下動を繰り返しながらもフランス経由を補い増加していったのである[20]．これはハンブルクに精糖工場が建設され，ハンブルクで精製された砂糖がヨーロッパ各地に再輸出されるという貿易構造が定着した結果であろう[21]．それはコーヒー，紅茶などの他の植民地物産の集散地へと進展を促し[22]，これがまた以後のハンブルク大発展の要因の一つとなったのであろう．

　このように17世紀から18世紀におけるワイン，植民地物産についての貿易額，貿易量からみる限り，ハンブルクは明らかに急成長したが，それと対照的に表10のように17世紀末まで市内消費においても輸出品としても重要であったビールが19世紀には消費税収入からみる限り急激に減少したのであった．このようにハンブルクの経済成長は，まずワインが流入し，次に砂糖やコーヒー，紅茶など新たな飲み物が植民地よりハンザ圏にもたらされ，急激に貿易額が増加した結果であり，表11のように関税収入もそれに対応するように増加している．すなわちこうした新たな物資の輸入，再輸出などがハンブルク経済を発展させ，近代の大都市へと繋がっていったと考えられるのである．他方，

表9　1790〜1805年ハンブルクの英仏からの砂糖輸入

（単位 Fässer：樽）

年	1790	1791	1792	1793	1794	1795	1796
フランス・イギリス	28,256	24,070	22,629	15,441	34,245	33,369	25,681

年	1797	1798	1799	1800	1801	1802	1803
イギリス	30,098	36,909	33,471	25,000	30,158	42,305	43,718

（出所）　B. Schmidt, Hamburg im Zeitalter der Französischen Revolution und Napoleons (1789-1813), Teil 1, *Beiträge zur Geschichte Hamburg*, Bd. 55, Hamburg, 1998, S. 745-750.

表 10　近世ハンブルクのビール消費税収入

（単位 Mark：リューベックマルク）

年	1603-19	1631-50	1675-85	1685	1711-20	1810
ビール消費税	37,900	196,659	197,000	270,000	131,000	50,000

（注）　複数年の金額は年平均額.

（出所）　W. Bing, Hamburgs Brauerei vom 14. bis zum 18. Jahrhundert, *ZVhG*, Bd. 14, 1908, S. 311f.

表 11　ハンブルクの関税収入

（単位 Mark：リューベックマルク）

年	1603-19	1631-50	1716	1746	1775	1800
関税収入	79,705	169,246	212,793	240,177	198,705	748,867

（注）　複数年の金額は年平均額.

（出所）　F. Kopizsch, Zwischen Hauptrezess und Franzosenzeit 1712-1806. *Hamburg, Geschichte der Stadt und ihrer Bewohner,* Bd. 1, Hrsg. v. W. Jochmann・H. -D. Loose, Hanburg, 1982, S.374. K.Zeiger, Hamburgsfinanzen von 1560-1650. *Hamburger wirtschafts- und sozialwissenschaftliche Schriften*, Heft 34, Rostock, 1936, S. 512-134.

　ハンブルクの東方へのズント海峡経由の「他のワイン」の輸送量がわずかなものであったのに対し，近世における都市リューベックは 17 世紀後半以降輸送量を増加させた．以後，その経済活動は極端に低下しているとはいえないものの，全体的に貿易は伸び悩む．おそらくはバルト海諸都市の急成長に対応して 18 世紀後半に停滞がみられ，さらには停滞から衰退へと移行していったと考えられるのである[23]．

　おわりに

　ハンザ都市の近代化の過程では，北海，バルト海貿易における主要商品は，塩，穀物など食料品など生活物資中心の貿易からワイン，そして香料や砂糖，コーヒー，紅茶など植民地物産貿易に移行する傾向があった．その過程で，ハンザ都市ではハンブルクが北海側に位置するという有利な立地条件と，外国人にも自由な貿易活動を認めた自由都市としてユダヤ人などの商業ネットワークを生かして[24]，ワインの輸入量，輸入額を増やし，続いて植民地物産貿易を

展開した．さらに以後砂糖の精製工場の建設により精糖の再輸出拠点として，またそれと連動して植民地物産の集散地として急成長を遂げていく．それに対しリューベックも塩貿易など生活に不可欠な物資の貿易を維持しながら，「他のワイン」，植民地物産貿易にも参入していき一定の成果を上げることができた．ハンブルク商人によるワインの輸入は18世紀に急増したが，ズント海峡経由の「他のワイン」の再輸出量は少なく，おそらくは内陸地方に再輸出されたり，東方の他都市の商人によってバルト海地域に輸送されたのであろう．そうした状況下で，海峡経由の東方向け物資の集散地としてリューベックが成長したと考えられるのである．

　三十年戦争後にバルト海沿岸ではリューベック周辺の中堅ハンザ都市シュトラールズントが塩の貿易に，ロストクが穀物貿易にリューベックに遅れて参入していった．18世紀初頭のバルト海域の政情不安定が沿岸のハンザ都市の貿易展開に悪影響を与えたが[25]，その後ロストク，シュトラールズントは，植民地物産貿易にリューベックに遅れて進出し，以後その貿易量に迫り，一時は超える貿易量となった．同時にバルト海東方のポーランドの有力都市シュテティンの植民地物産貿易額が急増する．こうした動きに対応するようにリューベックは貿易量を急激に減少させていった．だが，18世紀初頭から成長した西方からの「他のワイン」貿易ではリューベックやシュテティン，ダンツィヒが輸送量を成長させたのに対し，ロストク，シュトラールズントは，ほとんど参入できなかったと思われる．

　北方戦争後バルト海地域ではスウェーデンの商業活動が活発となり，また，東方に位置するポーランドのハンザ都市シュテティンやダンツィヒの商業が活発に展開し，ハンブルクがワイン貿易や植民地物産貿易で急成長を遂げる中で，リューベックの貿易事情は，「他のワイン」貿易こそ18世紀を通じて高い水準で維持されたが，18世紀後半には近隣の中堅ハンザ都市の遠隔地貿易への参入，競合もあって総体的に減少もしくは停滞傾向を示すにいたったのであった．これらの事実は，バルト海においてリューベックを中心とした大きな商業圏が，各都市ごとに分散し，とくに東方のシュテティン，ダンツィヒやスウ

ェーデンなどが活発な貿易を展開するなかで，リューベックがバルト海での中心的地位を喪失していく過程とも考えられよう．

　このように同じハンザ都市とはいえ三十年戦争期にブレーメンとともに「同盟」を結んだハンブルクとリューベックが大きく異なる近代都市化の過程をたどっていただけでなく，日常生活品貿易から植民地物産貿易へと主要貿易が変化する過程でハンザ各都市では，地域環境等の違いにより明らかに異なる道筋で近代都市化が進行していたと考えられるのである．各ハンザ都市の近代化の過程には個性の相違があったのである．

1)　Brandt (1976), S. 182-196. Wohlwill (1897), S. 1-145. 高村（1959），203-222 ページ．高橋（1980），270-272 ページ．同（2013），262-270 ページ．

2)　斯波（2018），415-434 ページ．近年ドイツで編纂されたリューベック史では，17，18 世紀の都市リューベックの市内事情が解説されている．Grassmann (2008), S. 445-537. ハンブルクについては，菊池（2008），13-25 ページ．同（2012），27-51 ページ．同（2013），109-126 ページ．同（2015a），289-319 ページ．同（2015b），361-393 ページ．がある．また同氏は最近 17 世紀から 19 世紀にいたるハンブルクの商業史 Kikuchi (2018) をドイツで発刊している．その他，斯波（2010），149-168 ページ，同（2013），137-154 ページ．同（2014），190-191 ページ．同（2017），145-168 ページ．その他，たとえば，谷澤（2011），224-256 ページ．

3)　ドランジェ（2016），378, 382 ページ．Dollinger (1964). 明石（2006a），1-25 ページ，同（2006b），1-26 ページ参照．

4)　ドランジェ（2016），377-378 ページ．

5)　高橋（2013），262-268 ページ．玉木（2008），220-223 ページ．

6)　斯波（2016），361-362 ページ．

7)　斯波（2010），149-150 ページ．

8)　Poulsen (2001), pp. 56-79. 谷澤（2007），294-299 ページ．

9)　不動産への「投資」の増加は，景気の良さを示すというよりも，むしろ商業への「投資」機会の減少によるのではないかとも考えられる．斯波（2010），30 ページ参照．

10)　斯波（2010），29-42 ページ．レンテとは土地，家屋に設定された権利およびそれが生み出す収益のことである．すなわち，「資本」の需要者は，自己の不動産上に物上負担 Reallast としてのレンテを設定し，これを「資本」の供給者に販売し，

これによって供給者の「資本」はレンテ収益を生み，需要者は必要とする「資本」を得ることができた．「資本」の供給者が「資本」の回収を希望するときには，レンテは第三者に売却された．その場合，形は消費貸借ではなく，売買であり，借入金利息の支払いではなく，あくまでも「地代」の支払いという形態をとったために，教会の利息付消費貸借禁止令の対象とはならないことから商人等の「投資」対象となり，当時数少ない財産および「資本」の蓄蔵手段としても用いられたのである．Mitteis (1952), S. 107. Anm. 6. 世良訳（1954），233-235 ページ．

11) Hammel (1988), S.64.

12) Kulischer (1929), S.386.

13) Baasch (1919), S. 215-221.

14) *Tabeller over Skibsfart og Varetransport gennem Øresund 1497–1660*. Førster Del. Ressel (2012), S. 145ff.

15) ドランジェ（2016），369，374-375 ページ．

16) Hammel (1988), S. 80f. 斯波（2016），355 ページ．

17) Tielhof (2002), pp. 51ff.

18) 斯波（2017），149-156 ページ．

19) *Tabeller over Skibsfart og Varetransport gennem Øresund 1661–1783*. Anden Del, Andet Halvbind I, II.

20) イギリスの植民地物産の輸出入の動向については，Schumpeter(1960), pp. 48-62 参照．それによれば，イギリスでは 1790 年代から砂糖の輸出入が増大している．

21) Petersson (1998), S. 58, 293. Prange (1987), S. 119-121.

22) Becker (2002), S. 68-85. Krieger (2014), S. 77f.

23) 斯波（2017），421-434 ページ．

24) Schreuder (2019).

25) 北方戦争期以降，安全であったハンブルクからリューベックへの内陸交易が展開した．毛織物を中心とする貿易動向については菊池（2015b），376-377 ページを参照．

参 考 文 献

明石欽司「「ハンザ」と近代国際法の交錯— 17 世紀以降の欧州「国際」関係の実相」，『法学研究』（慶応義塾大学）第 79 巻第 4 号，2006 年 a，第 5 号，2006 年 b

菊池雄太「ヨーロッパ商業におけるハンブルクの役割（17 〜 18 世紀）」，『比較都市史研究』第 27 巻第 1 号，2008 年

菊池雄太「ハンブルクの陸上貿易 1630-1806 年—内陸とバルト海への商品流通—」，『社会経済史学』第 78 巻第 2 号，2012 年

菊池雄太「近世ハンブルクのバルト海海上貿易―中継貿易都市の流通構造に関する一考察―」,『社会経済史学』第 79 巻第 2 号, 2013 年, 109-126 ページ

菊池雄太「ハンブルクにおける西・南ヨーロッパ外来商人のイベリア貿易とバルト海地方（17 世紀前半）―商品取引・制度・ネットワーク―」,『香川大学経済論叢』第 87 巻第 3・4 号, 2015 年 a

菊池雄太「中世後期から近世における陸上交易の発展と北海・バルト海の世界」, 斯波照雄・玉木俊明編『北海・バルト海の商業世界』, 悠書館, 2015 年 b

斯波照雄『ハンザ都市とは何か―中近世北ドイツ都市に関する一考察―』, 中央大学出版部, 2010 年

斯波照雄「中近世ハンザ都市におけるビール醸造業について」,『商学論纂』（中央大学）第 55 巻第 1・2 号, 2013 年

斯波照雄「中世末期のハンザ都市の税収について」, 佐久間英俊, 木立真直編『流通・都市の論理の動態』, 中央大学出版部, 2014 年

斯波照雄「中近世バルト海域における塩の貿易について」,『武蔵野法学』（武蔵野大学）第 5 号, 2016 年

斯波照雄「17 ～ 18 世紀における都市ハンブルクの経済事情」,『法学新報』（中央大学）第 124 巻第 1・2 号, 2017 年

斯波照雄「17 ～ 18 世紀におけるハンザ都市リューベックの経済事情」,『商学論纂』第 59 巻第 3・4 号, 2018 年

高村象平『ドイツ・ハンザの研究』, 日本評論新社, 1959 年

高橋理『ハンザ同盟―中世の都市と商人たち―』, 教育社歴史新書, 1980 年

高橋理　増補改訂版『ハンザ「同盟」の歴史―中世ヨーロッパの都市と商業―』, 創元社, 2013 年

谷澤毅「ハンザ期リューベック商業の諸相―近年の研究成果から―」,『長崎県立大学論集』第 40 巻 4 号, 2007 年

谷澤毅『北欧商業史の研究―世界経済の形成とハンザ商業―』, 知泉書館, 2011 年

玉木俊明『北方ヨーロッパの商業と経済　1550-1815』, 知泉書館, 2008 年

Ph. ドランジェ, 高橋理監訳, 奥村優子・小澤実・小野寺利行・柏倉知秀・高橋陽子・谷澤毅訳『ハンザ』, みすず書房, 2016 年（Ph. Dollinger, *La Hanse*. Paris 1964）

Baasch, E., Weinakzise und Weinhandel in Hamburg. *Zeitschrift des Vereins für hamburgische Geschichte = ZVhG*, Bd. 13, 1908

Baasch, E., Zur Statistik des Schiffspartenwesen. *Vierteljahrschrift für Sozial- und Wirtschaftsgeschichte = VSWG*, Bd. 15, 1919

E. Baasch, Zur Statistik des Ein- und Ausfuhrhandels Hamburgs Anfang des 18. Jahrhunderts, *Hansische Geschichtsblätter = HGbll*, Bd. 54, 1929

Becker, U., Kaffee-Konzentration.Zur Entwicklung und Organization des hansischen Kaffeehandel, *Beitäge zur Unternehmensgeschichte*, Hrsg. v. H. Pohl. Bd. 12, Stuttgart, 2002

Bing, W., Hamburgs Brauerei vom 14. bis zum 18. Jahrhundert, *ZVhG*, Bd, 14, 1908

Brandt, O., *Geschichte Schleswig-Holsteins*, Überarbeitet und erweitert v. W. Klüver, 1976, S. 182−196

Grassmann, A., Lübeck im 17. Jahrhundert: Wahrung des Erreichten, F. Kopizsch, Das 18. Jahrhundert: Vielseitigkeit und Leben. *Lübeckische Geschichte*, Hrsg. v.A. Grassmannn, Lübeck, 2008

Hammel, R., Häusermarkt und wirtschaftliche Wechsellagen in Lübeck von 1280 bis 1700, *HGbll*, 106, 1988

Kikuchi, Y., *Hamburgs Ostsee- und Mitteleuropahandel 1600–1800. Warenaustausch und Hinterlandnetzwerke*, Wien, 2018

Kopisch, F., Zwischen Hauptrezess und Franzosenzeit 1712−1806. *Hamburg. Geschichte der Stadt und ihrer Bewohner*, Bd. 1. Hrsg. v. W. Jochmann・H. D. Loose, Hamburg, 1982

Krieger, M., *Kleine Geschichte Hamburgs*. München, 2014

Kulischer, J., *Allgemeine Wirtschaftsgeschichte des Mittelalters und der Neuzeit*. München, 1929, Bd.2

Mitteis, H., *Deutsche Rechtsgeschichte*. ein Studien-buch, Zweite, erweiterte Auflage. München, 1952 (世良晃志郎訳『ドイツ法制史概説』創文社, 1954 年)

Petersson, A., Zuckersiedergewerbe und Zuckerhandel, in Hamburg im Zeitraum von 1814 bis 1834. *Vierteljahrschrift für Sozial- und Wirtschaftsgeschichte.=VSWG*, Beiheft 140, 1998

Poulsen, B., Middlemen of the regions.Danish peasant shipping from the Middle Ages to c.1650. *Regional integration in early modern Scandinavia*. ed. by F.-E.Eliassen・J. Mikkelsen・B. Poulsen, Odense, 2001

Prange, C., Das Gewerbe Zuckersieder in Hamburg. *Schriften aus dem Zucker-Museum*. Heft 24. Zuckerhistorische Miszellen, Teil 3, 1987

Ressel, M., Von der Hanse zur Hanseatischen Gemeinschaft. Die Entstehung der Konsulatsgemeinschaft von Bremen, Hamburg und Lübeck, *HGbll*, 2012, 130

Schmidt, B., Hamburg im Zeitalter der Französischen Revolution und Napoleons (1789−1813), Teil 1, *Beiträge zur Geschichte Hamburg*, Bd. 55, Hamburg, 1998

Schreuder, Y., *Amsterdam's Sephardic merchants and Atlantic suger trade in the seventeenth century*, Cham, 2019

Schumpeter, E. B., *English overseas trade statistics 1697–1808*. Oxford, 1960

Tabeller over Skibsfart og Varetransport gennem Øresund 1497–1660. Udgivet ved N. E. Bang. Førster Del, Tabeller over Skibsfarten, København, 1906. Anden Del, Tabller over Varetransporten, A, Køpenhavn, 1922

Tabeller over Skibsfart og Varetransport gennem Øresund 1661–1783. Udgivet ved N. E. Bang・K. Korst, Anden Del : Tabeller over Varetransporten. Førster Halvbind : 1661-1720, København, 1939. Andet Halvbind I : 1721-1760, København, 1955. Andet Halvbind, II : 1761-1783. København, 1953

Tielhof, M. v., *The 'mother of all trades' The Baltic grain trade in Amsterdam from the late 16th to the early 19th century*, Leiden, 2002

Wohlwill, A., Aus drei Jahrhunderten der Hamburgischen Geschichte (1648-1888). *Jahrbuch der Hamburgischen Wissenschaftlichen Anstalten*, XIV, Hamburg, 1897

Zeiger, K., Hamburgsfinanzen von 1560-1650. *Hamburger wirtschafts- und sozialwissenschaftliche Schriften*, Heft 34, Rostock, 1936

編者・執筆者紹介（執筆順）

木立 真直（きだち まなお）	研究員・中央大学商学部教授	
佐久間 英俊（さくま ひでとし）	研究員・中央大学商学部教授	
結城 祥（ゆうき しょう）	研究員・中央大学商学部准教授	
塩見 英治（しおみ えいじ）	客員研究員・中央大学名誉教授	
矢野 裕児（やの ゆうじ）	客員研究員・流通経済大学流通情報学部教授	
石川 実令（いしかわ みれい）	客員研究員・武蔵野大学経営学部准教授	
河田 賢一（かわだ けんいち）	客員研究員・常葉大学経営学部教授	
金 度渕（きむ どうよん）	客員研究員・大阪商業大学総合経営学部准教授	
白石 秀壽（しろいし ひでとし）	鳥取大学地域学部講師	
久保 知一（くぼ ともかず）	研究員・中央大学商学部教授	
斯波 照雄（しば てるお）	研究員・中央大学商学部教授	

現代流通変容の諸相　　　　　　　　　　中央大学企業研究所研究叢書　41

2019 年 9 月 30 日　初版第 1 刷発行

編　者　　木　立　真　直
　　　　　佐久間　英　俊
発行者　　中央大学出版部
代表者　　間　島　進　吾

〒192-0393 東京都八王子市東中野742-1
発行所　電話 042(674)2351　FAX 042(674)2354　　中央大学出版部
http://www.2.chuo-u.ac.jp/up/

© 2019　木立真直　ISBN978-4-8057-3240-3　　　　　㈱ TOP 印刷